빌딩

투자의 정석

빌딩 전문 컨설턴트 21명이 전하는 현장 리포트

빌딩
투자의 정석

| 김호영 지음 |

한국경제신문

1997년은 아시아의 외환위기가 시작된 해였다. 외화 보유액이 충분하지 못한 아시아 국가들에게 위기는 도미노처럼 번졌다. 한국도 예외가 될 수 없었고 결국 IMF국제통화기금에 손을 벌렸다. 그렇게 돈을 빌린 대가로 우리는 경제적으로 매우 혹독했지만 외국 투자자에게는 황금시장이 열리게 되었다. 국내 기업의 주식, 부동산을 닥치는 대로 사기 시작한 것이다.

그 시기에 벌어진 부동산과 관련된 기억 한 토막이 내게 있다. 구조조정을 하면서 자금이 급해진 한 대기업이 강남 테헤란로에 있는 빌딩을 매물로 내놨다. 지은 지 2년도 안 된 20여 층짜리 빌딩이지만 당시에 매입할 여력이 있는 곳은 외국 투자자뿐이었다.

그런데 거래 협상이 시작되기도 전에 충격적인 이야기가 흘러 나왔다. 가장 놀라웠던 내용은 역시 매도와 매입 희망가의 차이였다. 부르는 값과 사는 값은 보통 차이가 나지만 그때 나온 이야기를 듣고는 너무 놀랐다. 원하는 매도 가격은 1000억 원인데 외국 투자자는 350억 원도 많다는 반응이었다. 헐값으로 사려는 야욕이 있다 등 이런저런 비판의 목소리가 나왔지만 그들의 매입 가격 기준이 알려지면서 새로운 세계를 접하게 되었다. 바로 '수익 환원법'을 근거로 매입 가격을 산정했다는 것이다. 솔직히 그때는 이해가 쉽지 않았다. 같은 테헤란로 사거리에 있다면 주변 빌딩의 가격과 비슷하게 매겨져야 하는 게 아닌가? 하지만 그들은 아니라고 했다.

그것은 마치 생산 방식의 차이처럼 보였다. 빌딩을 짓거나 사두고 일정 기간이 지나면 가격이 오르던 시대의 기준으로는 임대 소득이 커 보이지 않았다. 임차인에 대한 서비스가 좋든 나쁘든 임대 수요는 넘치던 시대이기도 했다. 하지만 외국 투자자는 우리와는 다른 기준으로 빌딩 가치를 매겼다.

투자 대비 수익을 따질 때 임대 소득은 중요한 요소다. 임대 소득을 따져 예상 수익률을 계산하고 역산逆算해서 빌딩 매입가투자액를 책정하는 수익환원법을 적용하니 1000억 원은 터무니없고 350억 원도 쉽지 않다는 결론이 나왔다는 것이다. 이 결론이 나오기까지 복잡하고 정교한 기법이 동원되었다.

부동산 시장에서 수익환원법 관련 이야기가 나온 지 횟수로 18년 정도 된 것 같다. 이제는 임대수익률이 귀에 더 익숙한 표현이 됐으며 원룸, 오피스텔, 상가, 빌딩 등의 가치 기준도 그 임대수익률이 되었다. 시장에서 요구하는 임대수익률보다 높아야 매각 가치도 올라가게 마련이다. 부동산 시장의 매매 기준이 된 것이다.

이 책도 임대수익률 내용이 상당 부분을 차지한다. 부동산 시장에서 임대수익률에 대한 가치 기준이 얼마나, 어떻게 뿌리내렸는지 보여주는 사례들을 모았기 때문이다. 원빌딩부동산중개(주) 소속 팀장, 이사급의 컨설턴트들이 진행한 매매 사례를 다시 취재하는 방식으로 집필했다. 모두 실제 사례들이며 개인 정보 보호 차원에서 거래 당사자들의 이름은 필명으로 했다. 내가 거래 당사자를 직접 만난 것은 아니기 때문에 의견이 다를 수 있다. 부동산 시장, 특히 빌딩 투자의 관행이나 가치 기준이 변화되고 있는 부분에 초점을 맞춰 집필한 것이어서 당사자들이 불편하거나 곤혹스럽다면 나의 본의가 아님을 양해해주길 바란다.

올해 초, 책을 내보겠다는 계획을 말했을 때 용기를 준 한경BP의 한경준 이사가 결정적인 산파 역할을 했다. 원빌딩부동산중개(주)의 김원상 대표는 빌딩 매매 사례를 꼭 기록으로 남기길 원했다. 흔한 성공 후일담보다 히말라야 등산에 없어서는 안 될 등산

안내자 셰르파처럼 빌딩 투자에 꼭 필요한 가이드북을 빌딩 투자자들에게 전하고 싶었기 때문이다. 나와 이름이 하나밖에 차이 나지 않는 일러스트레이터 김호식 작가의 삽화는 내가 쓴 원고지 20매보다 전달력이 훨씬 뛰어나다. 마지막으로 내가 글을 쓰는데 게으름 피우는 것처럼 보일 때면 "우리 빌딩은 잘 올라가고 있어?"라고 일침–針을 놓아 자극을 준 가족이 있어 책을 세상에 내놓을 수 있게 됐다. 모두 감사한 일이다.

1장

부동산의 삼성

01
원스톱이 가능한 부동산 회사

삼성 같은 회사가 되겠다는 부동산 중개회사가 있다. 서울 강남구 신사동 을지병원 사거리 근처에 사옥을 두고 있는 '원빌딩부동산중개(주)(이하 '원빌딩')'이다. 거래 가격 기준으로 30억 원~200억 원 대의 중소형 빌딩을 매매하려는 투자자들에게 컨설팅을 해주는 회사다.

처음에는 일반인을 대상으로 중개 업무를 주로 했지만 지금은 사옥이나 사무실을 구하려는 기업들에게 물건 정보를 제공해주는 임대 서비스, 투자자가 매입한 빌딩을 관리해주는 자산 관리 서비스까지 업무영역을 확대하고 있다. 중소형 빌딩의 거래에서부터 자산 관리까지 원스톱 서비스가 가능한 부동산 중개회사이다. 매매 컨설팅과 자산 관리를 별개로 하는 다른 회사와는 확실히 차별화가 되어 있다.

사실 빌딩의 매매에서 자산 관리 서비스까지 할 수 있는 회사는 원빌딩이 유일하다. 유사한 업종의 다른 회사와는 업무영역이 차별화되는 만큼 원빌딩의 지향점도 남다르다.

70여 명이 근무하는 지하 1층, 지상 4층인 원빌딩 사옥의 엘리베이터 내부 거울에는 눈길을 끄는 문구가 하나 있다.

원빌딩의 목표는 '부동산의 삼성'입니다.

'부동산의 삼성.' 원빌딩의 목표라고 할 수 있다. 우리가 알고 있는 그 삼성과 같은 기업이 되겠다는 의미다. 사실 원빌딩을 처음 방문할 때 이 문구를 보면 조금은 거창한 목표라는 생각이 든다. 매출 규모, 인적 구성, 사업 내용 등 모든 면에서 삼성과 비슷한 부분이 하나도 없기 때문이다.

글로벌 빌딩 컨설팅 기업인 CBRE, 존스 랑 라살, 쿠시먼 앤드 웨이크필드 등으로 비유했다면 어느 정도 고개를 끄덕일 수 있다. 그런데 그런 기업이 아니라 삼성이라니….

삼성은 부동산 중개와 상관이 없지 않나? 시작은 미약하지만 끝은 창대해지겠다는 의미로 삼성 같은 대기업을 목표로 한다는 말인가? 어차피 목표니까 원대하게 설정한 것일까? 등의 궁금증을 갖게 만든다. 도대체 원빌딩의 의도는, 공개적으로 그런 목표를 세운 원빌딩 대표이사의 생각은 무엇일까?

원빌딩은 부동산 업계에서 잔뼈가 굵은 김원상 대표가 세웠다. 키가 크고 당당한 체구에 에너지가 넘치는 인상을 갖고 있다. 가끔 잔소리로 들릴 만큼 개선사항을 끊임없이 쏟아내는 걸로 봐서는 지적인 에너지도 왕성하게 느껴진다.

'부동산의 삼성'이란 목표를 내건 이유에 대해 김원상 대표는 "매출 규모나 사업 내용 같은 하드웨어 측면에서 삼성을 닮으려는 것이 아니라 회사의 질적 성장을 추구하는 소프트웨어 측면의 혁신을 위해 '마누라와 자식만 빼고는 다 바꾸자'라고 했던 삼성과 같은 기업이 되겠다는 의미"라고 설명했다. 그는 지금 빌딩 중개의 프로세스Process 혁신에 초점을 두고 있다.

새로운 동기 부여

김원상 대표는 남들보다 일찍 사업을 시작했다. 그러다가 화장품 수입 사업에서 쓴맛을 보고 지인의 소개로 부동산 컨설팅 회사에 취업하면서 부동산 업계에 입문했다. 그때가 1997년 가을이었다. 이후 7년 동안 부동산 컨설팅 회사 6곳을 옮겨 다니며 경력을 쌓다가 2004년 강남역 오피스텔에 회사를 차렸다. 12평 정도의 사무실에 직원 한 명뿐인 회사의 사장이 된 것이다.

그동안 익힌 부동산 중개의 노하우를 활용하면 먹고 사는 것은 걱정할 필요가 없었다. 물건을 중개하는 과정에서 더 많은 수수료를 챙기기 위해 회사 동료와 극심한 경쟁을 하지 않아도 되니 스트레스도 적었다. 그런데 사람은 빵만으로는 살 수 없지 않은가.

회사를 차린 지 2년쯤 지나자 새로운 동기 부여가 필요했다.

마음속으로 수도 없이 선택의 갈림길을 오고간 끝에 부동산 중개회사를 설립하되 남다른 시스템을 적용하기로 결정했다. 우선 물건 정보를 데이터베이스DB에 저장하고 회사 구성원에게 공개하는 것이다. 그게 뭐 대단하고 혁신적인 시스템이냐고 반문하겠지만 아직도 상당수의 부동산 중개회사가 내부에서 정보를 서로 공유하지 않는 실상을 알고 나면 기존 관행을 깨뜨리는 혁신적인 사고思考의 출발이라고 할 수 있다. 김원상 대표가 물건 정보의 공개를 표방한 이유는 다음과 같다.

첫째, 내부 구성원의 검증절차를 통해 오류는 줄이면서 물건의 신뢰성을 높일 수 있다.

둘째, 영세성을 면치 못하는 부동산 중개회사가 대형화로 가는 지름길이다.

신뢰성 높은 정보가 쌓이고 업무 처리 속도가 빨라지면 자연스럽게 회사의 규모도 커진다고 내다본 것이다. 그렇게 스스로 회사의 비전을 정립하고 나니 자신감도 생겼다. "그래, 한번 해보자. 새로운 시스템으로 우리나라 최고의 부동산 중개회사가 되어 보자"라고 마음을 먹고 실행에 들어갔다.

새로운 사무실부터 찾아 나섰다. 오피스텔을 나와 신사동에 있는 한 건물의 사무실에 자리를 잡았다. 책상 12개를 놓을 수 있는 제법 규모 있는 사무실이었다.

신사동에 사무실을 마련한 이유가 있었다. 당시 강남역 일대 빌딩 중개업체들은 대형 물건을 주로 취급했다. 꾸준히 계약 실적을 올리는 방식보다 한 건에 수수료가 많이 들어오는 대형 빌딩만 집중하는 방식이었다. 그런 방식을 탈피하기 위해 강남역을 떠나 신사동에 자리 잡은 것이다. 2006년 4월 22일, 법인 등록까지 마치게 된다.

처음부터 직원을 공개 채용했다. '열정만 갖춰도 좋다'는 채용 조건을 보고 면접을 치른 지원자 가운데 3명이 최종 선발됐다. 지금은 원빌딩의 중추 업무를 담당하는 권오진 이사, 오동협 이사, 정희만 팀장이다. 이들은 김원상 대표의 엉뚱한 발상 때문에 입사하자마자 고난의 길로 들어섰다. 출근하면 바로 카메라 한 대씩 들고 거리로 나가야 했기 때문이다.

물론 이유 없이 거리로 나선 것은 아니다. 회사에서 가까운 을지병원 사거리, 압구정역 사거리, 한남대교 남단, 신사역 사거리를 지도에서 연결하면 대형 직사각형이 된다. 바로 그 안의 모든 빌딩을 답사하는 게 목표였다. 답사에 나선 3명은 다시 골목길 등으로 구역을 나눠 분담했다. 그런데 하필 바깥 온도가 한창 오르는 7월에 입사하다니….

거리를 그냥 걷기에도 고역인 날씨에 그들은 카메라를 들고 답당 구역의 빌딩을 빠짐없이 찍어야만 했다. 김원상 대표는 우선 신사동 일대 모든 빌딩을 사진으로 찍어 회사의 정보로 남기자고 직원들을 설득했다. 사진 찍는 일에만 그치지 않았다. 신사동 일대 모든 빌딩의 개요를 데이터베이스화하는 작업에도 돌입했다. 자기가 맡은 구역에 있는 빌딩의 등기부등본을 떼보거나 빌딩 관리인을 만나 임대차 현황을 묻고 확인된 내용을 담아두는 것이었다. 대지, 연면적, 보증금, 월세 등의 빌딩 관련 자료뿐만 아니라 빌딩 사진, 지도 정보 등을 입력하면서 물건과 관련된 데이터를 하나씩 늘려갔다.

신사동 일대의 빌딩 정보를 대부분 확보한 그해 10월쯤이 되자 물건 수, 정보량이 늘어나면서 체계화가 필요한 시점이 되었다.

열린 경영의 중심, WCD 시스템

김원상 대표는 또다시 업무 혁신에 나선다. 그동안 저장한 빌딩 데이터를 중개 컨설팅에 활용할 수 있도록 자체 프로그램 개발을 외부 전문가에게 맡기기로 결정한 것이다.

신사동 일대의 빌딩 정보 수집을 끝내고 청담동 쪽을 시작하면서 처음에는 자체 프로그램에 정보를 입력하기 시작했는데 바로 문제가 발생했다. 정보를 입력할 수 있는 컴퓨터가 단 1대뿐이던 것이다. 개발 시간과 운영비 문제로 여러 컴퓨터에 프로그램을 깔지 못했기 때문이다.

낮에 답사를 끝내고 사무실로 돌아오면 정보를 입력하기 위해 프로그램이 설치된 컴퓨터 앞에 줄을 서야 했다. 프로그램에 오류

가 생기는 경우도 많아 직원들과 개발자들은 1대의 컴퓨터 앞에
서 뜨거운 여름밤을 보냈다. 10월이 되면서 더 이상 정보 처리가
힘들게 되자 외부 전문가에게 프로그램 개발을 의뢰하게 되었다.
그렇게 개발된 중개 업무용 프로그램이 'WCDWon Consulting Database
시스템'이다.

WCD 시스템은 한 번 개발하고 끝나는 프로그램이 아니다. 고
객에게 좀 더 효율적으로 물건 정보를 안내하기 위해 지금도 업
그레이드에 업그레이드를 거듭하고 있다.

신사동, 청담동을 거쳐 삼성동까지 빌딩 정보를 수집하면서 강남구가 어느 정도 마무리되자 빌딩 정보뿐만 아니라 확보된 물건 정보를 바탕으로 한 중개 건수도 증가했다. 회사 업무량이 늘어나니 직원을 더 채용해야 했고 늘어나는 직원 수만큼 WCD 시스템의 물건 정보량도 늘어났으며 어느새 국내 최대 규모가 됐다. 2015년 6월 15일 기준으로 WCD 시스템에 등록된 전국의 빌딩 정보는 48,246건이다. 서울이 43,324건으로 전체의 89.8%를 차지하며 그중에서 강남 3구의 정보량이 80~90%에 달한다. 소유자, 대지, 연면적, 매매가, 보증금, 월세 등의 빌딩 정보 외에도 당장 매매가 가능한 정보까지 검색할 수 있다. 예를 들어, 6월 15일 기준으로 WCD 시스템에 등록된 서울 강남구의 빌딩 정보는 12,443건이며 매매 의뢰 물건은 2,013건으로 표시되어 있다.

원빌딩의 WCD 시스템은 꽤나 혁신적이며 빌딩 중개업계에서는 파격적이라고 한다. 아직 빌딩 중개업계에서는 같은 회사 동료들끼리도 서로의 물건 정보를 공유하지 않고 있기 때문이다. 미국처럼 특정 물건에 대한 전속 중개 권리를 적용하지 않는 우리나라에서 물건 정보를 공유하게 되면 다른 컨설턴트에게 물건을 빼앗기고 수수료 받을 기회를 놓칠 수도 있다. 그런 우려가 있는데도 WCD 시스템은 폐쇄형으로 운영하지 않고 있으며 아이디와 비밀번호를 부여받은 직원들은 누구나 물건 정보에 접근할 수 있다. 정보를 오픈open한 것이다. 대신 물건을 중복 등록할 수 없기 때문에 최초에 물건 정보를 올린 담당자에게 중개 권리를 부여한다. WCD 시스템에 등록된 물건 정보를 복사해 빼내가기도 하지만 공개 원칙은 여전히 유지되고 있다. 이렇게 공개하는 것이 컨설팅 업무에 훨씬 효과가 크다는 판단 때문이다. 부동산 업계에서 최초로 '열린 경영'을 시도한 것이다. 그 결과, 다른 부동산 중개 회사에 비해 직원들의 업무 생산성이 높게 나오고 있다. 물건 정보를 엑셀 프로그램으로 정리할 때 직원 1명이 관리하는 빌딩 수는 20~30개 정도다. 반면 WCD 시스템을 활용하면 (원빌딩) 직원 1명이 100개 이상을 관리할 수 있다. WCD 시스템을 중심으로 직원들 간에 공유하는 빌딩 정보가 많기 때문에 그만큼 업무 처리가 수월해져 가능한 일이다.

WCD 시스템에 올라온 빌딩 정보는 남이 해주거나 준 것이 아니다. 회사 창립 멤버들이 카메라와 수첩을 들고 직접 신사동의 빌딩 정보를 모을 때부터 시작해 지금까지 이어지고 있는 신규 물건 발굴 및 정보의 업데이트 과정은 원빌딩 컨설턴트 사이에서 불문율不文律과 같다.

우선 빌딩의 등기부등본을 떼어 보거나 현장 확인을 통해 매주 50개 이상의 신규 물건을 찾아낸다. 그 가운데 내부 분석을 통해 거래 가능성이 높은 30개 물건을 골라 현장 답사에 나선다. 현장 답사는 매주 토요일 6시에 회사로 출근하면서 시작된다. 미리 정해진 답사 장소가 평균 3~4명의 컨설턴트로 이뤄진 22개 팀에 각각 통보된다. 평일에는 교통 정체가 심해 토요일에 답사하는 것이다.

현장 답사를 마치고 회사로 돌아오는 시간은 오전 10시. 그때부터는 3시간 동안 컨설턴트들이 전부 참석한 가운데 물건 분석 및 평가에 들어간다. 담당자가 답사를 다녀온 현장의 물건을 소개하면 다른 컨설턴트들이 질문하는 과정을 거치면서 물건 평가와 함께 분석 자료 정리가 마무리된다. 거의 매일 10명 이상의 고객과 미팅하면서 A급 물건의 분석 자료를 설명할 수 있는 토대가 되는 것이다. 이런 과정을 거쳐 2006년부터 축적된 빌딩 정보가 4만여 건이다.

물론 신규 물건만 찾는 것은 아니다. 기존 정보를 업데이트하는 일도 매일 이뤄지고 있다. 팀장이나 이사급을 제외한 약 60명의 컨설턴트들은 WCD 시스템에 등록된 물건 중에 변동된 내용이 있는지 확인하기 위해 매일 전화 30통은 기본이다. 하루 1,800여 건의 물건을 업데이트하는 것과 같다.

전화를 걸어 매도 의사를 먼저 확인한다. 또한 매도 의사가 있었던 물건의 경우에는 희망 가격에 변화는 없는지, 그 사이 임차인은 바뀌었는지, 공실 상황은 어떤지 등을 확인한다. 고객과 같이 현장에 갔는데 설명했던 내용과 다르면 신뢰성이 떨어지므로 부정확한 정보 제공을 사전에 방지하고자 매일 확인하는 것이다. 이렇게 구성된 WCD 시스템은 원빌딩 구성원들의 공유자산이다. 원빌딩의 모든 컨설턴트가 새로운 빌딩을 발굴하는 동시에 기존 내용을 수정하고 있기 때문이다.

WCD 시스템에 정보량이 늘어나면 고객 입장에서는 선택의 폭이 넓어지는 효과도 발생한다. 전자제품을 사기로 했다고 해보자. 삼성전자 대리점에서는 LG전자 제품을 구경할 수 없다. 반대 경우에도 마찬가지다. 반면 하이마트 같은 매장에서는 어느 회사 제품이라도 전시되어 있기 때문에 고객은 굳이 이 매장, 저 매장 다니지 않고 한 자리에서 다 볼 수 있다. 제품을 고를 수 있는 기회의 폭이 넓어지게 된다. 원빌딩의 고객에게 생기는 효과도 이와 같다.

원빌딩을 방문하는 고객은 하이마트에서처럼 한 명의 컨설턴트와 상담해도 투자 조건에 맞는 물건을 좀 더 많이 볼 수 있다. WCD 시스템에서 확인이 가능하기 때문이다. 자신의 물건만 다루는 다른 부동산 중개회사와 다른 점이다.

원빌딩은 2015년 들어서도 WCD 시스템을 업그레이드했다. 이번 업그레이드에서는 물건의 위치 기반을 강조했다. 지금까지는 주소를 검색해야 지도가 나타났지만 이제는 지도에 있는 매물 표

• WCD 시스템 화면

시를 보고 정보를 확인할 수 있다. 입지 여건이 무엇보다 중요한 빌딩 거래의 특성을 반영한 것이다. 구현 방식도 요즘 대세로 떠오른 모바일로 확장하여 휴대전화로 매물 정보뿐만 아니라 공실 현황 등을 확인할 수 있게 했다.

　WCD 시스템은 여러 차례 개선됐지만 '컨설팅 업무의 편의성과 고객 중심의 검색 처리'라는 대전제는 바뀌지 않고 유지되고 있다. 김원상 대표는 "다음 목표로 삼고 있는 원빌딩의 기업 공개 IPO를 위해서는 신뢰성과 함께 투명성 확보가 전제되어야 한다. WCD 시스템이 중요한 디딤돌 역할을 할 것이다"라고 말했다.

04
아기 사자를 키우다

원빌딩처럼 부동산 중개법인은 개인 사업을 하는 공인중개사와 달리 상법상 회사다. 설립 자본금은 5000만 원 이상이고 1인 기업도 가능하다. 하지만 다양한 업무를 처리해야 하고 영업 대상 지역도 넓기 때문에 혼자보다 여러 명이 함께 일하는 것이 일반적이다.

두 사람이 일하는 회사라고 해도 공동의 목표를 위해서는 협력이 필수적이다. 그런데 아직도 한 회사의 구성원끼리 서로 불신하는 고질병이 남아 있다. 계약이 최종 목표인 부동산 영업 특성상 동료의 물건 정보를 가로채거나 물건 중개를 포기하게 만들고 나중에 자신이 계약을 중개해서 수수료를 챙기는 볼썽사나운 경우도 발생한다. 회사 성장을 위해서는 협력해도 모자랄 판에 서로 믿지 못하니까 영업 문화에 염증을 느끼고 증오하는 부동산 중개 법인 구성원도 나오고 있다. 원빌딩의 김원상 대표도 그런 행태를 봤기에 처음에는 법인 설립을 주저하기도 했다. 그렇지만 회사를 일단 시작하면 새로운 영업 환경을 구축해서 법인의 영속성을 최우선 가치로 두자고 다짐했다. "원숭이는 나무에서 떨어져도 원숭이지만, 정치인은 선거에서 떨어지면 사람이 아니다"라는 일본 정치인 다케시타 노보루의 말을 인용하면 법인도 시장에서 살아남아야 가치가 있기 때문이다.

김원상 대표는 부동산 중개법인의 영속적인 가치를 위해서는 새로운 영업 문화의 구축이 시급하다고 봤다. 보통 폐쇄적으로 감추던 빌딩 물건 정보를 WCD 시스템으로 공개했을 뿐만 아니라 인사 체계도 수평적으로 바꿨다. 각 구성원에게 일정 부분의 독립성을 강조하는 파트너십 개념의 인사 체계다. 직원인 동시에 동반자 관계를 맺는 방식인데 원빌딩은 법인 출범 때부터 그 체계를 갖췄다.

원빌딩에 입사해서 컨설팅 업무가 일정한 수준에 오르면 팀장으로 진급된다. 팀장이 되면 사업자 등록을 할 수 있다. 본인 결정에 따라 독립채산제로 운영되는 법인의 대표가 되는 것이다. 동시에 원빌딩과 파트너십 계약을 맺고 정해진 업무를 진행한다.

2015년 6월까지 팀장 22명이 배출됐다. 회사 안에 또 다른 회사로 설립이 가능한 팀이 22개 생긴 것이다. 팀장은 팀회사 상황에 맞게 팀원을 채용하는데 많게는 6명으로 구성된 팀도 있다. 독립적으로 운영되더라도 회사가 추구하는 공통의 가치는 따라야 한다. 김원상 대표가 새로운 영업 문화 구축에 초점을 두고 설정한 팀원 채용 및 교육 과정도 그중 하나다. 정치 시스템에 비유하면 미국의 연방 법률 같은 것이다.

2008년 11월 명지대학교 부동산학과 교수에게 추천을 받아 신입사원을 채용하다가 이듬해부터 부동산학과를 개설한 대학교를 찾아가 채용 설명회를 개최했다. 처음에는 대학교 한두 곳에서 시작하다가 서일대학교, 동원대학교, 강남대학교, 경인여대, 신흥대학교, 김포대학교, 부천대학교, 한성대학교, 웅지세무대학교, 안산대학교 등으로 점점 늘렸다. 지금은 매년 10월쯤에 팀장들이 조를 편성해 설명회에 나선다. 팀별 인력 수요에 맞춰 선발된 신입사원들은 3개월간의 수습 교육을 받는다.

팀장들은 자신의 팀이 신입사원을 뽑지 않아도 신입사원 교육에는 참여한다. 오전에는 사무실에서 교육이 진행된다. 등기부등본이나 건축물대장 보는 법, 수익률 계산 방식 등을 배운다. 오후에는 현장 교육으로, 사전에 정해진 강남 일대 거리를 혼자 걸으면서 빌딩을 눈으로 관찰한다. 차에서는 보지 못하는 것을 걸으면서 볼 수 있기 때문에 걷도록 한다. 빌딩 답사하는 습관을 몸에 배게 하는 교육이기도 하다.

오후 내내 거리를 걷고 사무실로 돌아온 신입사원들은 자신의 동선動線은 어디였으며, A 빌딩의 1층 미용실은 카페로 바꾸면 더 좋겠다는 의견 등을 낸다. 팀장들은 신입사원들의 발표에 격려나 수정사항을 지적해준다. 이러한 과정을 내부에서 아기 사자를 키운다고 표현한다.

수습 교육이 끝났다고 교육이 다 끝난 것은 아니다. 매주 토요일 신규 물건 발굴, WCD 시스템의 업데이트 등을 통해 자연스럽게 현장 교육이 이뤄진다.

매년 7월부터는 자존심까지 걸린 교육이 진행된다. 바로 공인중개사 시험을 준비하는 교육이다. 매년 10월 치러지는 공인중개사 시험을 앞두고 4개월 전부터 정확히 오전 8시에 시작하는 모의고사 치르기 등으로 인해 더욱 분주해진다. 주기적으로 치르는 모의고사에서 성적이 우수한 사원은 동료들의 오답을 풀이해주도록 한다. 모름지기 빌딩을 중개하는 컨설턴트라면 공인중개사 자격증이 있어야 한다고 생각하기 때문에 회사 차원에서 여러모로 신경 쓰는 것이다.

원빌딩 소속 컨설턴트 가운데 공인중개사는 30명이다. 부동산 중개법인 중에서는 가장 많은 규모이다. 팀장들은 모두 공인중개사 자격을 갖고 있다.

05

물건의 역사를 꿰고 있어야 한다

구성원 교육이 회사의 최종 목표가 될 수는 없다. 고객과의 계약을 성사시켜야 회사가 성장하기 때문이다.

수습 교육을 마치고 6개월 정도 지나면 매매를 진행하기 시작한다. 팀원에 따라 계약 실적은 천차만별이다. 불과 3개월 사이에 4건의 계약을 올린 직원이 있는가 하면 2년 가까이 계약서를 꺼내 보지 못한 직원도 있다.

사실 빌딩 중개의 특성상 계약 실적이 반드시 개인 능력에 비례하지 않는다. 중개인의 능력과는 별개로, 계약을 앞두고 갑자기 매수자의 자금 계획에 차질이 발생하거나 집안에 예기치 못한 우환이 생겨 더 이상 진행하지 못하는 경우가 의외로 많다. 그런 경우가 특정 팀원에게 연속되어 발생하면 다른 동료들도 안타깝게 생각할 정도다. 물론 한창 상담을 진행하고 있는데 고객이 다른 부동산 중개회사와 연결되어 계약하기도 한다.

계약을 다른 회사에 빼앗겨도 원빌딩에는 자산資産으로 남는 것이 있다. 바로 WCD 시스템에 기록하는 '매각 정보'다. 팀장이나 팀원들은 다양한 경로로 획득한 빌딩 정보를 WCD 시스템에 올리는 순간, 담당자가 된다. 회사에서 그 물건에 대한 매매의 중개 권리를 갖는다는 의미다. 상담한 고객이 다른 부동산 중개회사와 연결되어 계약해도 그 물건과 고객에 대한 정보는 WCD 시스템의 '매각' 메뉴에 올려놓아야 한다. 그 과정까지 마쳐야 해당 물건 담당자의 업무가 마무리되는 것으로 원빌딩 구성원들은 서로 약속해놓고 있다. 2015년 6월 기준으로 WCD 시스템에 올라와 있는 매각 기록은 3,437건이다.

다른 회사를 통해 매각한 물건의 기록도 원빌딩을 통한 계약의 기록만큼 유용한 자산으로 꼽힌다. 오동협 이사는 "매매 계약이 이뤄져도 언젠가 다시 거래가 될 것이다. 매각 기록을 알고 있으면 그 물건에 관심 있는 고객에게 좀 더 좋은 정보를 제공할 수 있다. 왜냐하면 그 물건에 대한 역사를 꿰고 있기 때문이다"라고 말했다.

WCD 시스템이 활성화된 이후, 원빌딩에 입사한 사원들은 그 이전에 입사한 사원보다 업무 습득의 속도가 빨라졌다고 한다. 여전히 신입사원은 발품을 팔고 있지만 집단 지성을 공유하는 방식의 WCD 시스템이 있기 때문에 빌딩 중개 시장의 흐름을 클릭 몇 번으로 읽을 수 있다.

WCD 시스템의 구축으로 얻는 시너지 효과가 여러 개 있는데 매매 중개에 한정되어 있는 다른 중개법인과 달리 업무영역을 비교적 수월하게 확장한 것이 대표적이다. 풍부한 빌딩 정보를 바탕으로 사무실 임대 및 자산 관리 서비스를 본격적으로 할 수 있게 되었다.

임대 서비스와 관련해서는 20여 명의 전문 인력이 활동하고 있는데 매일 50여 건씩 임대가 가능한 사무실을 확인하고 있다. 한 달이면 2만 5,000여 건의 정보가 쌓이고 있으며 기업들이 원하는 사무실을 곧바로 검색할 수 있다.

자산 관리 서비스는 건물주 혼자서 처리하기 힘들고 수시로 발생하는 문제를 대신 처리해주는 일이다. 임차인 모집 및 변경, 임대료 수납, 세무 업무, 지자체와 관련된 행정 업무, 건물 유지 및 보수까지 건물주를 대신해 처리해준다. 예전에는 건물주 스스로 관리했지만 지금은 아예 맡기는 추세로 바뀌고 있다. 원빌딩은 WCD 시스템에 축적된 임차업종 정보를 자산 관리 서비스에 활용하고 있다. 공실이 발생하면 바로 임차인을 유치해 임대수익률

하락을 방지하기 위해서다.

증가 추세인 자산 관리 서비스의 업무량을 맞추기 위해 원빌딩은 2015년 6월 시설 관리 전문기업 씨에이치엠과 업무 협약을 맺었다. 연면적 1,000~1,500제곱미터 안팎의 중소형 빌딩을 대상으로 자산 관리를 전담하기 위해 씨에이치엠과 손을 잡고 서울 강남권을 시작으로 서울 다른 지역 및 수도권까지 서비스를 확대하고 있다. 서비스 이름은 '씨원케어C—Won CARE'이며 5가지 서비스로 운영되는데 비용은 월 20만 원부터 최고 120만 원까지다. 씨에이치엠은 시설 관리를, 원빌딩은 임대차 및 재무 업무를 담당한다. 경비 · 청소 등 현장 근무인력의 채용 및 관리, 임대차 계약 작성, 임차인 민원 해결, 시설물 유지 및 보수 공사, 임대료 청구 및 수금, 세금계산서 발행 등 건물 운영 과정에서 일어나는 모든 업무를 건물주를 대신하여 처리해주고 있다. 중소형 빌딩의 경우 임대수익에 비해 비용이 높은 전문적인 자산 관리 서비스를 받기 어려운 현실을 감안해 비용도 저렴하게 책정했다. 김원상 대표는 "50억 원에 건물을 매입했다면 50억 원 규모의 중소기업을 인수한 것이나 마찬가지다. 건물 운영도 연속성을 갖기 위해서는 전문가들이 다뤄야 바람직하다. 건물 관리 경험이 전혀 없는 친인척이나 사람에게 맡기면 향후 건물 가치의 하락은 불 보듯 뻔하다"라고 말했다.

이렇게 원빌딩의 경영 입지를 다져 놓게 된 원동력이 바로 WCD 시스템이다. 다른 부동산 중개법인에서는 찾아볼 수 없는 차별화된 시스템이다. 물건 정보를 공개하면서 구성원 간의 신뢰를 결속시키고 업무 영역을 확장시킨 시스템이라는 평가도 있다.

'형식이 내용을 결정한다'라는 말이 있듯이 원빌딩도 물건 정보의 데이터베이스 구축이란 변화된 형식形式이 거래 방식, 물건 분석 기법, 고객에 대한 정보 전달 능력, 구성원 간의 결속력 강화 등의 내용內容까지 차별화를 만든 것이다.

2장

투자는 타이밍이다

01
빌딩 컨설턴트가
필요한 이유

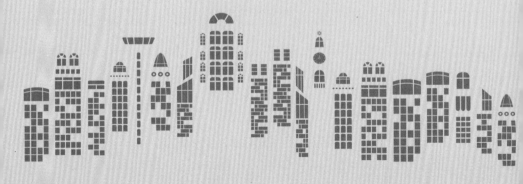

: 거리가 문화와 만나다 :

직업이 빌딩 거래 컨설턴트이다 보니 자주 받는 질문이 있다.

"현재 임대수익률도 높고 향후 매각하면 시세차익도 가능한 건물 좀 어디 없느냐?"

참으로 부동산 투자의 고전古典 같은 질문이다. 현재 임대수익률이 높은 건물은 WCD 시스템을 통해 금방 확인할 수 있다. 그런데 시세마저 뛸 만한 건물을 어떻게 찾을까?

아파트 가격을 끌어올리는 요인이 있는 것처럼 중소형 빌딩 가격을 끌어올리는 요인도 분명히 있다. 주변에 유명 백화점이나 호텔이 들어서거나 지하철역, 도로가 새로 개통하면 가격 상승의 호재가 된다.

최근에는 서울에서 건물 가격 상승에 영향을 미치는 새로운 호재가 생겼다. 문화적 요소가 적용되는 거리 주변에 있는 건물의 가격이 천정부지로 치솟고 있는 것이다. 홍대입구역 주변이 해외 관광객을 끌어들일 줄 누가 예상이나 했겠는가. 늘어난 유동 인구가 건물 가격을 올렸고 홍대입구역 주변에 그쳤던 상권은 인근 상수역까지 확장되었다.

이태원의 경리단 길은 또 어떤가. 요리에 관심 있는 젊은이들이 하나둘씩 들어오면서 셰프Chef 문화가 형성돼 건물 가치도 덩달아 뛰었다. 서울 성수동도 마찬가지다. 비어 있던 대형 창고 건물에서 패션쇼가 펼쳐지고 젊은이들이 모이면서 공장 터는 점점 문화의 거리로 바뀌고 있다. 건물의 가치가 올라가니 자연스럽게 투자자들의 발길도 잦아지고 있다.

이제는 지하철역, 도로 개통과 같은 하드웨어적 요소뿐만 아니라 문화, SNS 등의 소프트웨어적 요소가 엄청난 파급력으로 건물의 가치를 올리는 시대가 되었다. 유동 인구가 늘어나야 그 지역의 건물 가치도 올라가게 마련인데 누가 100억 원을 투자할 테니 괜찮은 건물을 구해달라고 부탁하면 어디로 안내하겠는가. 실제로 그런 규모의 투자를 원하는 고객의 요청을 받았을 때 우리 팀은 매번 새로운 곳에 주목하고 있었다.

: 대기업 투자는 거리를 춤추게 한다 :

개인 사업으로 돈을 많이 번 이민성 대표가 2013년 3월 지인의 소개로 사무실을 찾아왔다. 가용 현금이 60억 원인데 주식이나 펀

드는 위험해 보여서 빌딩에 투자하고 싶다는 것이다. 현재 임대수익률도 높고 시세차익도 기대되는 빌딩을 찾는 건 그 대표라고 예외는 아니었다. 현실적으로 재색才色을 겸비한 인물이 드물듯이 그런 빌딩도 흔치 않다. 하지만 고객이 원하는데 빌딩 중개 컨설턴트라면 당연히 그런 물건을 찾아야 한다.

이 대표에게 강남구 청담동에 있는 빌딩을 소개했다. 면적 480제곱미터145평, 지하 2층에 지상 5층, 연면적 2,000제곱미터605평이며 위치상으로도 인기 지역이었다. 2010년 준공하여 비교적 신축건물이라는 장점까지 갖고 있었다. 그런데 결정적인 약점이 있었다. 무려 4개 층이 공실이었다. 강남 요지의 빌딩답게 외형은 대리석과 유리로 번쩍번쩍 빛났지만 공실 때문에 임대수익률은 떨어지는 외화내빈外華內貧의 전형이었다. 빌딩을 본 이 대표도 '도대체 왜?'라는 표정을 지었다.

나는 자신감을 갖고 그 빌딩을 추천했다. 청담동 일대 빌딩의 소유 관계에 큰 변화가 생기는 중이라는 말로 시작했다. 의자에 등을 기대고 있던 이 대표는 허리를 세우며 관심을 보였다. 그 말은 사실이었다. 건물의 매매 상황을 정기적으로 확인해 데이터베이스WCD 시스템을 수정하다가 중대한 변화를 알게 되었다. 청담동 일대 빌딩의 주인이 대기업이나 오너 일가로 대거 바뀌고 있었던 것이다. 대표적인 기업으로 해외 유명 의류 등 40여 개 브랜드를 유통시키는 S인터내셔날이 있다. 막대한 자본력을 갖춘 그런 기업이 청담동 일대의 빌딩을 사들인다는 것은 향후 상권 변화를 예상할 수 있는 대목이었다. 기업뿐만 아니라 국내 굴지의 그룹 오너들이 개인 명의로 청담동 일대의 빌딩을 7개나 사들였으니 향후 거대한 변화가 올 것을 직감할 수 있었다. 그런 직감 때문에 고객(이 대표)에게 빌딩 매입을 강력하게 주장했다. 구체적인 자료까지 있었다. 대기업, 오너 일가의 이름이 적힌 등기부등본이었다. "친구 따라서도 강남 간다는데 빌딩 컨설턴트의 판단을 믿어 보시죠"라고 설명했다.

오랫동안 사업으로 잔뼈가 굵어 이해관계에 밝은 경영자답게 이 대표는 "미래 가치에 투자하겠다"라면서 매매 계약서에 도장

을 찍었다. 매매 금액은 140억 원이었다. 현금 60억 원에 대출 80억 원을 합쳐 매매 대금, 부대 비용을 처리했다.

잔금까지 치르고 나서부터 우리 팀은 더 바빠졌다. "최대한 이른 시기에 공실을 없애 드리겠다"고 약속했기 때문이다. 다행히 대기업이 청담동 일대에 빌딩을 사들인다는 소문이 퍼지면서 임차인 유치는 쉬웠다. '고급' 콘셉트를 앞세운 업체들이 청담동으로 몰려들었기 때문이다. 청담동에 고급 매장이 하나둘씩 문을 열면 주변의 레스토랑, 웨딩업체, 꽃가게는 물론 디저트 카페까지 고급 콘셉트로 바뀐다. S인터내셔날 등 해당 대기업과 거래 관계에 있는 협력사들도 청담동에 사무실을 구하게 되면서 빌딩 수요도 자연스럽게 늘어나고 시세도 상승하는 단계로 접어든다.

이 대표가 매입한 건물에도 '고급' 콘셉트의 업종으로 금방 채워졌다. 해외 고급 의류를 판매하는 매장, 웨딩 컨설팅 업체, 고급 미용실, 연예 기획사 등이 들어오면서 대출 이자 걱정을 덜게 되었다. 또한 청담동의 거리가 또다시 고급 이미지로 변신하고 있으니 건물의 미래 가치까지 보장되는 것이다.

활발한 빌딩 거래는 상권 변화의 촉매제 같은 역할을 한다. 새 건물주의 주도로 새 임차업종을 구성하면서 유동 인구 흡수에 나서기 때문이다. 이런 변화로 인해 청담동은 계속적으로 고급 이미지의 지역으로 각인되고 있다.

이전 건물주는 황금알을 낳는 거위 같은 빌딩을 왜 내놓았을까? 순전히 개인 사정 때문이었다. 운영하던 기업의 경영이 어려워지면서 청담동 건물의 관리까지 소홀하게 되어 공실이 생겼던 것이다. 그 건물주도 대기업이 청담동 일대의 빌딩을 사들이고 있으니 조만간에 상권 변화를 예상하고 있었지만 사업에 필요한 자금 때문에 매각한 것이다.

: 대기업 투자의 그늘 :

보통 대기업이 대형 부지를 사들이거나 여러 필지를 매입한 후 개발하면 주변 건물도 시세가 올라간다. 대형 개발로 늘어난 유동 인구가 임대료 상승 요인이 되기 때문이다. 하지만 대기업이 뛰어들어도 예상만큼 건물 가치가 올라가지 않을 수 있다. 대표적인 경우가 대규모로 지하 쇼핑몰이 개발될 때다. 대기업이 복합 건물을 지으면서 지하 쇼핑몰까지 개발하면 지상 상권은 기대만큼 활성화되지 않는다. 특히 지하철역과 연결되는 쇼핑몰은 더욱 지상 상권에 치명적이다. 여름에는 더위를, 겨울에는 추위를 피할 수 있으니 유동 인구가 지상으로 올라가지 않는다.

대기업이 투자한다고 해도 어떻게 개발되는지에 따라 판단을 다르게 해야 한다. 사실 대기업의 투자 결정은 즉시가 아니라 시간이 조금 지난 후에 큰 파동을 일으키는 나비효과와 같다. 그러니 미래를 그 누가 예측할 수 있겠는가. 설령 예측할 수 있어도 결과까지 맞기에는 힘들다.

어느 지역이 개발된다는 미공개 정보를 먼저 입수해 차익을 기대하는 시대는 지났다. 이제는 거리의 문화가 부동산 가치를 끌어올리는 시대가 되었다. 경리단 길의 가치를 다수의 젊은이가 올렸다면 청담동은 소수의 대기업이 또 다른 가치를 만든 것이다. 반면 대기업의 투자로 그늘이 생기는 상권도 생긴다.

향후 시장 변화를 읽지 못하면 빌딩 투자의 수익도 기대하기 어렵다. 하지만 생업이 바쁜 일반인 입장에서는 시장 변화를 예측하기 힘들다. 그래서 거의 하루도 거르지 않고 주요 상권의 빌딩 매매 사례를 확인하는 우리 같은 빌딩 중개 컨설턴트가 필요하다.

오동협 이사
전문 분야: 중소형 빌딩 및 법인 사옥 매매·건축 및 리모델링 관련 컨설팅·신탁과 자산 운용 및 부동산 개발

02

노선상업지역을
아시나요?

: 용적률의 마술 :

서울 강남에는 우물 정#자 모양의 4개 대로大路가 있다. 남북
방향으로 강남대로와 영동대로, 동서 방향으로 도산대로와 테헤
란로를 말한다. 4개 대로변에 투자하면 크게 실패하지 않아 황금
라인으로 꼽힌다. 이 황금라인에도 숨은 진주 같은 땅이 있다. 바
로 노선상업지역路線商業地域, street commercial district이다. 고층 빌딩이
상대적으로 드문 도산대로, 영동대로에 많은데 1개 필지에 상업
지역과 주거지역이 혼합된 것을 말한다.

사실 그동안 노선상업지역의 용적률이 특이했다. 1개 필지에서
50% 이상 면적을 차지하는 용도지역의 용적률을 일방적으로 적
용하게 되어 있기 때문이다.

극단적인 예를 들어 상업지역 51%, 3종 일반주거지역 49%로
혼합된 노선상업지역이 있다고 해보자. 이럴 경우 상업지역으로
분류가 되어 용적률 800%가 인정됐다. 그런데 비율이 반대가 되
면 3종 일반주거지역에 적용되는 용적률 250%로 건축 허가를 받
아야 했다. 대로변 12미터 내에 구획된 노선상업지역은 비슷한 위

치라도 용도지역의 면적 비율에 따라 적용되는 용적률이 크게 차이가 나는 바람에 땅값을 좌우하는 결정적 요소이자 민원의 대상이기도 했다.

그러다가 2013년 8월에 2개 용도지역 용적률의 가중 평균치를 적용하는 방식으로 개정됐다. [(상업지역 면적×용적률) + (주거지역 면적×용적률)]을 전체 면적으로 나누는 것이다.

면적 1,000제곱미터 대지가 있다고 해보자. 그 대지가 상업지역 600제곱미터, 주거지역 400제곱미터로 구성된 노선상업지역이라면 다음과 같은 계산이 나온다.

$$[(600제곱미터 \times 800\%) + (400제곱미터 \times 250\%)]$$
$$\div 1,000제곱미터 = 580\%$$

비율이 반대로 된 노선상업지역이라면 용적률은 470%가 된다. 가중치가 어느 정도 적용돼 과거의 극단적인 용적률 적용 방식에서는 벗어났지만 그래도 노선상업지역에서는 대지가 같아도 용도지역 비율에 따라 건축 허가를 받을 수 있는 건물의 높이가 달라지므로 투자에도 큰 영향을 미친다.

노선상업지역 용적률 계산법 예시

개정 전
- 상업지역 51%, 3종 일반주거지역 49%
→ 상업지역으로 인정되어 용적률 800% 적용
- 상업지역 49%, 3종 일반주거지역 51%
→ 3종 일반주거지역으로 인정되어 용적률 250% 적용

개정 후
- 상업지역 600㎡, 3종 일반주거지역 400㎡
→ [(600㎡×800%) + (400㎡×250%)] ÷ 1000㎡ = (용적률) 580% (적용)
- 상업지역 400㎡, 3종 일반주거지역 600㎡
→ [(400㎡×800%) + (600㎡×250%)] ÷ 1000㎡ = (용적률) 470% (적용)

: 3차례의 매각 :

영동대로 노선상업지역에서 최고 용적률 800%를 적용받은 빌딩을 어렵게 찾아내 중개한 적이 있다. 영동대로변 사거리 코너에 위치한 빌딩으로 2002년부터 10여 년 동안 건물주가 3번이나 바뀌었다. 2002년 당시에는 지하 1층, 지상 4층 건물이어서 주변의 고층 빌딩에 비해 경쟁력이 크게 떨어졌다. 하지만 첫 번째 매수자는 75억 원(평당 약 5000만 원)에 사들여 10년 뒤 181억 원에 매각했다. 시세차익은 106억 원이고 산술적으로 매년 10억 원씩 번

것과 같았다.

두 번째 매수자는 강남에서 건물 신축 경험이 많고 건축 관련 규정도 꿰고 있는 투자자였다. 우리 팀의 분석과 조언에 따라 그는 이 건물을 181억 원에 사들이기로 결정했다. 지하 1층, 지상 4층의 현재 건물 가치로만 보지 않고 용적률 800%를 적용하여 새로 지어질 건물의 가치를 분석한 자료를 보여주자 그는 1평당 1억 2000만 원이라는 파격적인 가격을 제시했다. 주변에서는 실패한 투자라는 시각이 적지 않았지만 그는 개의치 않고 바로 지하 7층, 지상 19층으로 신축했다. 용적률 800%를 적용할 수 있는 노선상업지역의 빌딩이었기 때문에 신축 공사가 가능했다. 법 개정 이전이었고 그 일대에서 드물게 상업지역의 최대 용적률이 적용될 수 있는 곳이었다.

건축 관련 규정에 맞춰 용적률을 최대한 활용했을 뿐만 아니라 신축 공사에서도 투자 가치를 높이는 판단이 접목됐다. 지하층을 넓게 확보한 것이다. 지하층이 깊어질수록 공사비 부담은 커지지만 주변 빌딩의 평균 지하층 수보다 깊은 지하 7층까지 팠다. 유리한 임대료 산정을 위해서였다. 상업지역 빌딩의 임대계약 면적은 임차인의 실사용 공간인 전용 면적에다 주차장 등 공용 면적을 합한 것이다. 주차장이 넓은 빌딩은 임대 면적이 늘어나 임대료도 증가한다. 건축 경험이 많은 두 번째 매수자는 준공 이후의 임대수익 측면을 감안해 결정한 것이다. 공사 비용은 100억 원 정도였다.

2년 뒤 세 번째 매수자가 나타났다. 국내에서 유명한 커피 프랜차이즈 회사였다. 주차 공간이 넓고 회사 광고 효과도 기대되는 코너 건물이어서 나름 사옥으로는 제격이었다. 게다가 영동대로에서 가시성 좋기로 소문이 나 있었다. 회사는 330억 원에 매입하기로 결정했다. 두 번째 매수자는 공사 비용 100억 원을 감안해도 몇 년 만에 약 50억 원의 차익을 올린 것이다.

세 차례의 매각 과정을 보면, 용적률 800%를 적용할 수 있는 희소가치가 건물 매매가를 끌어올렸고 아울러 임대수익용으로 적합하게 개발하면 시장에서 통한다는 것을 알 수 있다.

: 4개 대로 분석 :

① 강남대로

서울시 강남구 신사동 527번지 한남대교 남단에서 서초구 양재동 352-3번지 양재대로에 이르는 6.9킬로미터, 왕복 10차선 도로를 말한다. 서울 강북, 경기도 성남시로 곧장 이어져 서울시 남부의 관문 역할을 한다.

지하철 3호선 신사역, 7호선 논현역, 9호선 신논현역, 2호선 강남역, 3호선 양재역, 신분당선 양재 시민의 숲역까지 이어지는 강남대로는 그야말로 강남의 명동이라고 할 수 있다. 특히 강남역 주변 빌딩 거래 가격은 상상을 초월한다. 강남역 지오다노 라인은 2011년 3.3제곱미터1평당 4억 원대였는데 2014년 6월에 당시 뉴욕제과가 입점했던 건물이 3.3제곱미터1평당 5억 1700만 원에 거래되었다.

이처럼 강남대로의 상권이 활성화가 된 배경은 무엇일까? 사통팔달로 연결되는 교통 여건이 주효했다. 지하철 순환선인 2호선

강남역에다 경부고속도로가 가까워 경기도의 위성 도시와 연결되는 버스 노선이 다양해서 유동 인구가 엄청나다.

강남대로 동쪽의 CGV 뒤편으로 유명 맛집이 하나둘씩 들어서더니 어느새 맞은편 옛 뉴욕제과 뒤편을 뛰어넘는 상권으로 성장했으며 강남역과 역삼역 사이에 있는 국기원 방향까지 확장됐다. 유동 인구를 흡수하는 집객集客 경쟁력이 우수해 임대수익률이 높아지면서 빌딩 가격마저 끌어올리는 요인으로 작용하고 있다.

물론 강남대로 상권에도 약점은 있다. 대로 건너편 1층이 보이지 않는다. 폭 50미터 대로 가운데에 있는 버스 중앙차로에 줄지어 선 버스들과 끊이지 않는 교통 체증으로 반대편 건물 1층의 전시 효과가 거의 없다. 대로 건너편에서 보면 오히려 2층, 3층이 시야에 들어온다. 그래서 강남대로변 빌딩 2층, 3층의 임대료가 다른 지역에 비해 상당히 높다.

② 도산대로

독립운동가 안창호 선생의 호號인 도산島山을 붙인 도로이며, 도산의 묘원인 도산공원이 있다. 강남구 신사동 501−4번지(강남 을지병원 사거리 근처)에서 도산공원을 거쳐 청담동 129−9번지(영동대교 남단)에 이르며 길이는 3.2킬로미터다.

압구정 로데오, 청담동을 지나기 때문에 대한민국을 대표하는 고가 브랜드 점포가 즐비하면서 유행을 선도하는 거리로 유명하다. 도산대로의 특징은 바로 이어지는 지하철역이 없다는 것인데 상권 형성 측면에서 볼 때 단점과 장점이 공존한다. 대로 중간에 지하철역이 없다 보니 유동 인구를 흡수하지 못하는 단점이 있다. 반면 외부로부터 유입되는 인구가 차단돼 강남 특유의 고급, 고가 이미지를 풍기게 되는 것은 상권에 장점이다. 그래서 지금도 수입차, 고급 레스토랑 등 강남을 상징하는 부富의 문화를 느낄 수 있는 지역으로 꼽히고 있다.

압구정 로데오 상권은 1990년대를 풍미했지만 이후로는 내리막길을 걷고 있다는 평가가 나오고 있다. 상권이 가로수 길이나 세로수 길로 넘어갔다는 이야기도 나온다. 분당선 압구정 로데오역 개통 효과도 미미하다는 평가다. 다른 지역에서 역이 신설되었을 때보다 결과가 눈에 보이지 않기 때문이다. 외부에서 유입되는 인구에 기대는 상권이 아닌 것으로 더욱 증명되었다고 보고 있다. 그게 바로 도산대로의 특징이다.

③ 테헤란로

강남구 역삼동 825-15번지(강남역 동쪽)에서 선정릉 공원이라 불리는 선릉과 정릉을 거쳐 송파구 잠실동 50번지(잠실 야구장 근처 삼성교)에 길이 4킬로미터 도로이며 1977년 서울시와 이란 수도 테헤란시의 자매 결연을 기념해 이름이 붙여졌다.

테헤란로는 1990년대 벤처 붐으로 이뤄진 업무시설 밀집지역이다. 미국 서부 샌프란시스코 근처의 첨단 기술 연구 단지인 실리콘밸리를 인용해 테헤란밸리로도 불린다. 빌딩으로 연결되는 스카이라인sky line은 테헤란로의 대표적인 모습이다. 강남역에서 삼성역까지 이르는 대로변 자체가 상업지역이며 기업들이 대형 빌딩을 짓거나 소유하면서 고층 스카이라인이 형성됐다.

상업지역은 주거지역보다 다양한 종류의 임차인들을 입주시킬 수 있어서 밤새도록 영업이 가능한 특징이 있다. 다만 개인이 투자하기에는 위험하다. 주말 상권이 없기 때문이다. 직장인들이 근무하지 않는 주말은 썰렁한 빌딩 숲일 뿐이다.

④ 영동대로

강남구 청담동 130-6번지(영동대교 남단)에서 삼성동을 거쳐 개포동 일원터널 사거리에 이르는 길이 4.6킬로미터 도로이며 개발될 때 영등포 동쪽이라 해서 '영동'으로 불렸다. 무역센터, 코엑스, 한국전력 본사, 경기고등학교 등 넓은 면적을 차지하고 있는 건물들이 대로변에 포진하고 있어 다른 지역에 비해 필지가 적다.

현대자동차그룹이 2014년 9월 한국전력 본사 부지를 10조 5500억 원에 낙찰받아 대규모 개발에 나설 계획이어서 향후 상권에도 큰 변화가 예상된다. 현대자동차그룹은 지상 115층(높이 571 미터) 건물에 본사 사옥을 포함한 업무시설, 컨벤션 시설, 호텔, 판매시설을 조성하겠다는 개발 구상과 사전 협상 제안서를 2015년 1월 말 서울시에 제출했다. 서울시는 한전 부지와 코엑스, 잠실운동장을 국제교류복합지구로 함께 개발하는 지구단위계획을 마련, 2015년 5월 14일 제7차 도시·건축공동위원회를 개최하고 가결처리했다. 지구단위계획에 따라 국제교류복합지구는 잠실운동장 41만 4,205제곱미터, 탄천 일대 18만 4,705제곱미터 등 총 59만 8,910제곱미터에 달한다. 구역 이름도 종합무역센터 주변 지구에서 국제교류복합지구로 확정했다.

서울시는 강남을 국제 업무와 회의, 관광, 컨벤션, 전시 등 MICE 기능을 갖춘 주요 도심으로 개발하기로 했다. 그리고 한전 부지와 마주 보고 있는 서울의료원, 옛 한국감정원 부지의 원활한 개발을 위해 제2종 일반주거지역으로 설정된 용도지역을 준주거지역으로 변경했다. 이에 따라 허용 용적률은 200%에서 330%, 상한 용적률은 400%까지 증가하게 된다. 또한 1개 특별계획으로 묶여있던 이 일대를 2개 특별구역으로 분할했다. 바로 서울의료원 부지와 옛 한국감정원 부지 특별계획구역이다. 지정용도를 신설해 오피스텔을 제외한 업무시설과 전시장, 관광숙박시설 등 MICE 산업을 지원하는 시설을 조성하기로 했다.

현대자동차그룹이 한전 부지 개발방안을 내놓고 서울시는 한전 부지 주변을 지구 단위로 묶어 통합, 개발하는 계획을 제시하면서 영동대로 주변은 앞으로 대변화가 예상된다. 이미 주변 건물, 땅 값은 꽤나 오른 상태다. 개화역에서 출발해 김포공항역을 거쳐 신논현역으로 이어지는 지하철 9호선이 2015년 3월 종합운동장역까지 연장된 교통 호재도 이 일대 빌딩 매매가를 끌어올린 배경으로 꼽힌다.

신동성 팀장
전문 분야 : 중소형 빌딩 매매 · 사옥 부지 매매 · 권리 분석 컨설팅

03

수도권으로
눈을 돌려라

: 투자의 우선순위 :

"투자 대상 지역은 강남이나 서울에서 유망한 상권이어야 하고 수익률은 5%를 넘었으며 좋겠습니다. 또한 저렴한 매매가에 향후 신축을 생각해서 어느 정도 규모를 갖춘 물건이어야 하고요. 수익률이 아무리 좋게 나오더라도 원룸이 있는 건물은 싫습니다. 이러한 점을 참고해서 물건을 찾아 주시면 고맙겠습니다."

"고객님, 죄송하지만 그런 매물은 없습니다."

처음 방문한 고객들에게서 자주 듣는 매물 의뢰 조건이다. 먹기에 좋고 몸에도 좋은 약을 찾는 거나 마찬가지다. 그런 약을 구하기 쉽지 않은 것처럼 고객 입맛에 딱 맞는 매물은 거의 없다. 그래서 투자의 우선순위를 머릿속에 정리해두면 물건 찾기가 쉽다. 우선순위는 자신의 투자 금액, 위치, 투자 성향 등에 따라 다르다. 그리고 이제는 과거와 다른 자세로 빌딩 투자를 바라봐야 한다.

• **수익률:** 저금리 기조가 지속되면서 은행에 현금을 맡겨 이자소득을 기대하기는 어려워졌다. 그보다는 대출을 받아 임대수익형 빌딩을 매입하는 게 효율적이다.

- **입지 및 상권**: 좋은 위치에 유동 인구가 많은 상권이면 빌딩의 공실은 크게 걱정하지 않아도 된다. 임차인도 선택할 수 있다. 당연히 이런 빌딩의 가치는 꾸준히 올라간다. 반대로 공실이 발생하면 수익률이 급격하게 떨어진다.

- **시세 대비 저렴한 가격**: 빌딩 매입을 희망하는 고객들 대부분이 내거는 조건이다. 중소형 빌딩이라도 실거래가 신고제 도입 이후부터 가격 정보는 거의 다 알려졌다고 보면 된다. 나만 알고 있는 저렴한 물건을 찾기란 쉽지 않다.

- **대지 규모**: 향후 신축을 하려고 대지 규모가 큰 매물을 찾는 경우가 많다. 그래서 같은 투자 금액이라면 면적이 넓은 대지를 선호한다. 현실적으로 상권이 좋은 곳은 빌딩이 빼곡하게 있어서 넓은 대지를 구하기 어렵고 설령 있어도 값이 비싸 매입하기에는 엄두를 내기가 어렵다.

- **환금성**: 매입한 빌딩의 가격이 단기간에 오르기를 기대하는데 이제는 단기적인 환금성보다는 장기적인 임대수익 방향으로 계획을 짜는 게 바람직하다.

달라진 빌딩 매매의 시장 환경에 맞춰 투자 패턴을 달리해 빌딩 매입에 성공한 사례를 소개하겠다. 그 사례를 통해 어디에 투자의 우선순위를 둬야 하는지 파악해보자.

: 서울만 고집하지 말자 :

박원철 대표는 강남에 나온 시세 20억 원대 빌딩의 매물 광고를 신문에서 보고 찾아왔다. 오랜 외국 생활을 정리하고 가족 모두 한국으로 돌아와 편안한 노후를 계획하고 있었다. 가족 공동 명의로 건물을 매입하고 관리가 쉬운 근린생활시설 건물이면서 거주지 근처인 강남에 있으면 좋겠다고 했다.

첫 미팅 후, 3개월 동안 약 30건의 매물을 소개했으나 박 대표는 가격이나 조건이 맞지 않아 선뜻 나서지 못하고 있었다. 검토 기간이 길어졌지만 나름 소득도 있었다. 자신의 조건에 모두 맞는 물건은 강남에 없다는 사실을 알게 된 것이다. 그렇다고 매수 의향마저 접지는 않았다. 지역을 강남에 한정하지 않고 서울 다른 지역이나 수도권으로 넓혔다. 처음부터 빌딩 매입의 우선순위를 지역보다 임대수익률에 두고 있어서 강남이라는 지역에 연연하지 않았다. 공실이 적은 안정적인 상권에서 꾸준한 임대수익률 유지가 1순위 목표였던 것이다.

투자 범위와 목표가 좀 더 구체화되면서 다시 박 대표와 논의를 거친 끝에 투자지역을 수도권에서 물색하기로 결정했다. 여러 물건을 검토한 뒤, 경기도 부천역 주변을 집중적으로 답사했다. WCD 시스템의 자료에서 부천역 주변 임대수익률이 강남보다 높았기 때문이다. 수치가 그렇게 나왔지만 사실 우리 팀은 당시 부천역 상권을 잘 알지 못했다. 빌딩을 중개하는 컨설턴트라면 해당 상권을 정확히 파악해야 한다는 생각에 그때부터 한 달 동안 일주일에 두 번 이상 부천역 주변을 답사했다.

부천역 상권은 부천대학교를 배후를 두고 있어 평일 낮에도 유동 인구가 적지 않으며 평일 저녁과 주말에는 꽤 많았다. 특히 주말 상권을 보기 위해 토요일 오후 2시부터 새벽 2시까지 부천 로데오 거리에서 식사도 하고 유동 인구도 따라가면서 시간별 유동 인구를 사진으로 담았다. 요일별, 시간대별 유동 인구 유입량을 보여주면서 빌딩 매입을 적극적으로 추천해도 되겠다는 판단이 들었다.

그렇게 한 달쯤 지났는데 적당한 물건을 포착했다. 부천역 북부 광장에서 길 건너 로데오 거리에 위치한 지하 1층, 지상 4층 빌딩이었다. 모든 층에 근린생활업종으로 임대가 채워져 관리가 쉬울 것으로 예상됐다. 게다가 유명 프랜차이즈가 들어와 있어 공실 위험도 낮아 보였다. 박 대표는 오랜 시간 검토하고도 망설이다가 현장에서 확인하자마자 바로 매입을 결정했다.

차원승 대표는 한 경제신문에 낸 매물 광고를 보고 전화로 매수 의뢰를 해왔다. 형제들과 같이 강남에 소유했던 빌딩을 매각해 생긴 여유 자금으로 빌딩 매입을 추진하고 있던 중이었다.

회사를 방문한 차 대표와 상담을 해보니 이미 다른 부동산 중개법인을 통해 물건을 많이 검토한 것 같았다. 그래도 30여 건의 물건을 소개했으며 그때마다 차 대표는 적극적으로 관심을 보였다. 보통 고객은 부동산 중개법인에서 매물을 추천해야 검토하는데 차 대표는 일주일에 한두 차례 주기적으로 전화를 걸어 궁금한 내용을 질문했다. 회사로 찾아와서 그동안 검토한 물건에 대한 의견을 제시하기도 했다.

이처럼 고객이 물건 검토에 적극적이어서 우리도 신문에 개재된 빌딩 매물 자료를 모아 매일 오전에 SNS로 보냈다. 그러던 어느 날, 경기도 안양의 중심 상권에 나온 물건의 자료를 보내면서 뭔가 진전이 되기 시작했다. 안양에서 유동 인구가 가장 많고 상권도 활성화된 안양 1번가 메인 거리 코너에 있는 지하 1층, 지상 5층 건물이었는데 우리 팀에서 관리하고 있었다. 다만 주변 건물에 비해 시세가 비싸 임대수익률이 조금 낮은 흠이 있다. 그 자료를 받은 날 저녁에 차 대표가 아내와 함께 그곳으로 가서 유동 인구, 상권 상황 등을 꼼꼼히 보셨다는 사실을 나중에 알게 되었다. 그 건물에 대한 분석 자료를 추가로 요청하시면서 가격 조정 여부도 부탁했다. 매입 의사를 내비친 것이다.

그 건물은 매도 가격이 36억 원이었다. 안양 1번가에 위치해 입지 여건은 매력적이었지만 금액이 시세보다 높아서 주목을 받지 못하고 있었다. 우리 팀은 매도인을 만나 여러 차례 미팅하면서 금액 조정에 나섰다. 자리는 좋지만 희망하는 매도 가격이 매수자의 심리적 저항에 부딪혀 팔리지 않고 있다는 취지로 설명했다. 결국 매도인이 양보해 매도 가격이 낮아지자 임대수익률은 수도권에서도 높은 7.5%로 예상됐다.

원룸이 있는 건물이었으면 쳐다보지 않았을 것이라는 차 대표의 말을 들으면서 임대수익률뿐만 아니라 관리에 크게 신경 쓰지 않아도 되는 점에 점수를 높게 줬다고 생각했다. 실제로 임차인이 많으면 요구가 많고 원룸의 경우에는 임차인 대부분이 자기 집처럼 깨끗하게 쓰지 않아 관리가 힘들다. 반면 음식점, 판매 점포,

약국 등 근린생활시설 운영자들은 나중에 받을 권리금 때문이라도 가급적 깨끗하게 사용한다. 차 대표가 매입한 건물의 임차인들도 건물 관리 비용을 나눠 정산하면서 자체적으로 관리하고 있었다. 그래서 이전 건물주도 1년에 한두 차례 방문해서 얼굴을 비칠 정도였다.

최진수 대표는 처음부터 수도권의 빌딩을 원했다. 서울에서 저렴한 가격으로 나온 빌딩에 관심을 가졌지만 임대수익률 등을 검토하고 나서는 수도권으로 눈을 돌렸다. 수도권에 애착을 갖는 이유를 물어봤더니 확실한 논리를 제시했다. 투자 금액 30억 원으로는 서울에서 대로변 건물을 매입하기 어렵고 대지 면적도 작아서 나중에 신축하기가 쉽지 않지만 같은 금액으로는 수도권의 대로변에 대지가 넓은 건물을 살 수 있으니 차라리 그것이 더 이득일 것 같다고 말했다. 임대수익 외에도 업무용 빌딩으로 증축이나 신축까지 생각하면서 물건을 검토하고 있었던 것이다.

업무용 빌딩을 보고 있다면 물건이 눈에 띄는 가시성을 갖춰야 하고 직원들의 출퇴근 편의를 위해 지하철역에 가까워야 좋다. 최 대표는 수도권 대로변에 매물로 나온 30억 원~40억 원대 중소형 빌딩을 20건 정도 검토했다. 그중에 부평역 대로변에 마음에 드는 물건을 찾았지만 매도자 측의 가족들이 서로 매매가를 조율하지 못해 계약하지 못했다. 매수자가 의사 결정을 못해 매입 타이밍을 놓치는 것과 마찬가지로 매도자도 때를 놓쳐 시장에서 관심이 멀어지는 경우가 적지 않다.

최 대표가 부평역 주변을 마음에 들어 하는 것 같아서 우리 팀은 부평역 대로변에서 물건을 찾기로 했다. 일전에 다른 지역 매물도 빠른 시간에 다양하게 소개하여 계약했던 기억을 되살리면서 매물 찾기에 주력했다. 당시 우리 팀은 일주일에 세 번 이상 부평역 일대를 찾아가 건물을 물색했다. 역시 찾으면 구하기 마련이다. 최 대표의 조건에 딱 맞는 건물을 찾게 되었다.

부평역에서 도보로 5분도 걸리지 않는 북부광장 초역세권에 있는 지하 1층, 지상 5층의 근린생활시설 건물이었다. 1971년도에 준공되어 노후건물이었지만 장점도 있었다. 그 대로에서는 건물을 지으려면 대로 뒤로 지어야 했는데 해당 건물은 예전에 지은 것이라 다른 건물보다 앞으로 나와 있었다. 덕분에 옆에서 봐도 가시성이 뛰어나 최 대표는 더욱 만족하게 여겼다. 가격도 예상보다 낮아서 검토한 지 5일 만에 도장을 찍었다.

지금까지 말한 사례들처럼 투자자들의 건물 매입 패턴이 달라지고 있다. 서울만 고집하지 않고 서울보다 임대수익이 높게 기대되는 수도권으로 눈을 돌리고 있는 것이다. 또한 개발 호재를 기다렸다가 시세차익을 바라는 투자보다 꾸준하고 안정적인 수익을 선호하고 있어서 상권이 어느 정도 숙성되어 공실 걱정이 없는 지역을 더 주목하고 있다. 이처럼 시세차익보다 임대수익을 우선순위에 두는 매수자들의 투자 성향은 저금리 기조와 맞물려 더욱 굳어지는 분위기다.

손미혜 팀장
전문 분야 : 중소형 수익용 빌딩 매매·사옥 매매 관련 컨설팅

04

컨설턴트와
젊은 투자자의
극적인 인연

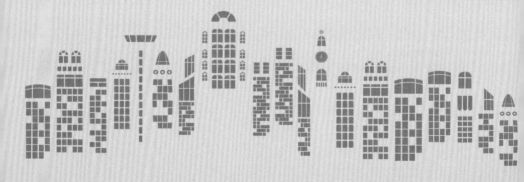

: 투자는 유행이 아니다 :

빌딩 투자도 분명히 흐름을 탄다. 경제 여건이나 시대 상황에 따라 투자자들이 유행을 따르듯 특정 물건을 집중적으로 의뢰해서 놀라는 경우가 생긴다. 2011년 초반에 고객들의 문의전화를 받으면 십중팔구 원룸 건물을 찾았다. 당시에는 원룸 건물이 수익형 부동산의 으뜸으로 꼽혔다. 원룸 건물에 대한 투자자들의 요구 수익률은 연평균 6% 이상이었다. 상가 건물의 연평균 수익률이 5% 미만으로 떨어졌고 강남에서도 연평균 4% 미만인 빌딩이 80%나 되던 시기였으니 조금이라도 높은 수익률을 찾는 것은 지극히 당연한 현상이었고 그 결과 원룸 건물이 떠오르게 되었다. 하지만 불과 3, 4년 후에 원룸 건물은 상당히 기피 대상으로 굳어지고 건물 및 임대차 관리에 자신 있는 일부 투자자만 관심을 보일 뿐이었다.

유행에 휩쓸려 한 투자는 위험하다는 교훈을 다시 한 번 알게 해준 것은 프랜차이즈를 유치한 건물을 보면서였다. 베이비부머 세대가 은퇴를 본격적으로 시작한 2005년부터 카페, 빵집, 치킨집 등 프랜차이즈 투자가 유행이었다. 적은 자본으로 특별한 기술 없이도 창업할 수 있는 프랜차이즈였지만 직장職場보다 냉혹한 시장市場 앞에서는 결코 만만하지 않았다. 창업한 지 1년도 되지 않아 폐업하는 점포가 줄을 이었고 공실로도 이어져 임대수익률이 급격히 고꾸라진 건물주의 마음도 타들어갔다. 물론 꼼꼼하게 계획을 세워 시작한 경우는 달랐다. 이처럼 빌딩 투자도 유행만 보다가 투자의 어두운 면을 보지 못해서는 안 된다. 특히 빌딩 중개 전문 컨설턴트들의 분석보다 주변 이야기기를 듣고 결정하면 큰 손해를 볼 가능성이 높다.

: 전화 한 통으로 인연이 시작되다 :

부화뇌동附和雷同식 투자가 성행하던 2011년 초, 우리 팀으로 전화가 왔다. 전화기에 들리는 목소리의 주인공은 젊은 사람이 분명했다. 한 경제신문에 광고를 냈던 홍대입구역 근처의 42억 원짜리 건물을 보고 문의한다면서 속사포를 쏘듯 "위치가 정확히 어디인가요?", "연 7% 수익률이 맞나요?", "정말 신문 광고에 본 사진과 똑같나요?" 등의 질문을 하는데 다른 매수 희망자의 궁금증과 판박이였다. 젊은 사람에게는 어울리지 않는 물건이라는 생각에 건성으로 대답했다. 그런데 전화를 끊으려고 할 때 공손한 말투로 "제가 어머니와 같이 회사를 방문해서 신문 광고에 난 물건이나 비슷한 물건을 추천받을 수 있을까요? 가능하면 지금 당장이라도 찾아뵙고 싶습니다"라는 제의를 하는 것이 아닌가! 정보를 탐색하려는 전화가 아니라는 생각이 들었다. 어머니와 함께 오겠다는 말을 들으니 좀 더 진지하게 받을 필요까지 느껴졌다.

회사 주소를 말해줬더니 그는 가까운 지하철역을 확인하고 나서 전화를 끊었다. 40억 원이 넘는 건물을 찾으면서 지하철을 타고 오는 고객은 사실 흔치 않다. 조금은 특이한 경우라는 생각이 들었다. 우리 팀은 회사에서 가까운 압구정역으로 마중 나갔다. 도착하면 전화를 달라는 문자 메시지를 보냈더니 얼마 지나지 않아 휴대전화가 울렸다. 지하철역에서 고객을 맞이하기는 그때가 처음이었다. 지하철역 근처에서 대기하고 있던 팀원의 차를 함께 타고 회사로 왔다.

명함을 주고받은 뒤 이야기를 나눠 보니 그는 30대 중반이었고 예술가 느낌이 있는 젊은이의 어머니는 60대 후반이었다. 커피 한 잔을 마시자 본격적으로 이야기가 시작됐다.

그는 부동산 투자 관련 서적이나 신문에서 읽은 내용을 말하는 것 같았다. 건물 매입 조건은 수익률 5% 이상, 역세권, 향후 시세 차익 기대, 매물로 내놓으면 금방 팔려 현금화가 가능한 환금성

등을 갖춰야 한다고 제시했다. 투자의 우선순위는 밝히지 않았지만 대략 4가지 조건이었다.

평소 고객들과 상담하면서 신념처럼 얘기하는 응답을 말해줬다. "고객님, 4가지 조건 가운데 2가지만 맞아서 매입하셔도 성공입니다"라고 최대한 점잖게 설명했다. 입으로는 그렇게 얘기했지만 마음속으로는 '건물을 사기에는 아직 때가 이른 분들 같다'고 생각하고 있었다.

초보 고객이라 할 수 있지만 성심성의껏 브리핑을 해드렸다. 궁금한 점이 있으면 언제라도 연락을 달라는 의례적인 작별 인사를 하고 시계를 봤더니 설명 시간이 3시간을 넘은 것이 아닌가. 나 스스로도 놀랐다. 그래도 시간이 아깝다는 생각은 조금도 들지 않았다. 빌딩 투자에 대해 묻고 답했던 내용도 내용이지만 그와 어머니 사이에 오갔던 따스한 모습이 보기에 좋아서 시간 가는 줄 몰랐던 것이다. 정말이지 상담 중에 드러난 어머니를 위한 아들의 행동에는 손끝 하나 표정 하나에도 진정성이 느껴졌다.

이틀 후, 그에게서 근처로 가면 커피 한잔 가능하냐는 전화가 왔다. 상담이 아니라 그냥 만나서 커피 한잔 하자는 고객도 그가 처음이었다. 만나서 날씨, 뉴스 등 소소한 이야기를 주고받았는데 갑자기 그의 표정이 진지해지더니 가족사를 들려줬다. 10살도 되지 않았을 때 아버지가 돌아가시고 어머니 혼자 남게 되었는데 유산으로 명동의 작은 빌딩 지분이 넘어온 것이다. 시댁 측은 온 갖 견제를 했지만 어머니는 아들 하나만 생각하면서 참고 견뎠다고 한다. 그러다가 얼마 전, 그 빌딩이 팔려 돈이 들어오자 어머니의 노후를 편안하게 해드리고 싶어 임대수익용 빌딩을 찾고 있는 중이라고 했다. 그러면서 어머니가 어려운 시기를 견디며 지켜온 재산이니 노후를 위해 되도록 원하는 빌딩을 사고 싶다며 잘 부탁한다고 간청했다. 그의 말을 듣고 있으니 고객 관계를 떠나 어떻게든 도와주고 싶은 마음이 들었다.

: 손을 잡으면 시너지가 생긴다 :

그 이후 괜찮은 물건이 나오면 제일 먼저 전화해서 함께 현장 답사를 다녔다. 직장을 다니는 그의 일정상 주로 저녁에 답사를 시작했다. 추천한 건물 근처에서 저녁식사를 같이 먹고 밤늦게까지 해당 건물 앞에서 유동 인구를 확인하고 또 확인했다. 낮에는 어머니와 같은 건물에서 의견을 주고받았다. 그렇게 두 달 정도 고생하니 그와 어머니의 건물 보는 안목이 높아졌다. 그러던 어느 날, 홍대 주차장 길에 새로운 건물이 나왔다는 이야기를 듣고 현장으로 달려갔다.

이미 홍대 주차장 주변의 저녁 상권, 새벽 상권을 확인했던 상황이어서 물건을 보는 순간에 바로 가치가 판단됐다. 건물주와 가격 협상을 통해 주변 시세보다 3.3제곱미터1평당 2000만 원 정도 싸게 매입했다. 연간 수익률은 5% 이상으로 기대됐다. 계약서에 도장을 찍는 어머니 곁에 앉은 아들의 모습은 뿌듯해 보였다. 2011년 봄에 매입한 이 건물은 2015년 시세가 3.3제곱미터1평당 8000만 원에 호가가 되고 있다. 30억 원의 시세차익이 예상되는 건물로 가치가 뛴 것이다.

'부동산 투자는 발로 뛰어야 실패하지 않는다'라는 것이 우리 팀의 지론이다. 투자 대상 지역의 상권을 발로 뛰어 직접 느껴보고 분석해야 나중에 낭패를 덜 본다. 상권을 분석할 때도 교통량보다 실제 유동 인구를 확인하는 게 중요하다. 지하철이 뚫리고 도로가 새로 생기면 교통량이 많아지면서 상권이 근본적으로 바뀌게 된다. 하지만 교통량이 많다고 해서 반드시 좋은 상권으로 판단하면 안 된다. 교통량보다는 유동 인구의 동선에 초점을 맞춰 상권을 분석하는 것이 중요하다.

초보 투자자라면 혼자 분석하려고 하지 말고 빌딩 중개 전문 컨설턴트와 신뢰관계부터 만들라고 권한다. 앞에서 말한 아들과 어머니 사례처럼 전문 컨설턴트에게 먼저 손을 내밀면 불과 2~3개월 만에 성공적인 결과를 얻을 수 있다.

물론 초보 투자자라도 발로 뛰어 다닐 마음의 자세가 필요하다. 공통의 목표를 갖고 전문 컨설턴트와 함께 현장을 답사하다 보면 신뢰관계가 쌓인다. 한마디로 빌딩 중개 전문 컨설턴트 한 명만 잘 사귀어도 투자의 절반은 성공한 것이라고 할 수 있다.

강영식 팀장
전문 분야 : 중소형 빌딩 매매 및 종합 자산 관리·부동산 관련 법무 자문

05

목적이 분명하면
공격적으로 결정하라

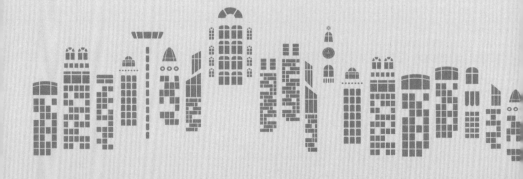

: 홍대 상권의 변화 :

이제는 고유명사가 된 '홍대 문화', '홍대 상권'의 성장사成長史를 돌아보면 부동산 시장을 이해하는 데 큰 도움이 된다. 문화와 상권 형성의 상관관계를 뚜렷이 알 수 있기 때문이다.

거리 문화의 시조始祖라고 하는 홍대 문화의 씨앗은 홍익대학교 미술대학을 중심으로 뿌려졌다고 봐야 한다. 홍익대학교는 1980년대 정부의 지원을 받아 미술대학 특성화를 앞세웠다. 그렇게 해서 미술대학 입학 정원이 늘어나자 홍익대학교 정문 주변으로 미술 관련 상권이 형성되기 시작했다. 미술학원, 화방, 공방, 갤러리, 미술전문서점 등이 줄지어 들어선 것이다. 그 상권의 영역이 확늘어난 계기는 1984년 지하철 2호선의 개통이었다. 바로 홍대입구역에서 홍대 정문으로 올라가는 옛 경의선 철로 부근에 먹자골목이 생겼다. 지하철을 타고 오는 미술 관련 유동 인구를 겨냥해서 음식점이 하나둘씩 생기더니 어느새 거리가 형성된 것이다.

예술적인 분위기로 가득했던 홍대 주변에 90년대 초반 새로운 문화가 생겨났다. 바로 오렌지족 문화다. 강남 부유층 자제들이 오렌지를 건넸다는 풍문에서 시작된 오렌지족 문화가 압구정동에서 홍대 주변으로 강을 건너오면서 문화의 판이 커지게 되었다.

1992년 문을 연 발전소에 이어 곰팡이, 상수도, 드럭 등 라이브 클럽이 홍대 주변에 자리를 잡으면서 '홍대 문화'가 알려지기 시작했다. 공간적인 형태만 새로웠던 것이 아니라 새로운 음악 장르도 쏟아졌다. 컴퓨터가 만들어낸 빠르고 분절적인 비트가 반복되는 테크노 열풍이 불면서 2002년 한일 월드컵을 전후로 댄스 클럽이 생겨났다. 매월 마지막 주 금요일이면 한 장의 티켓(1만 5,000원)으로 홍대 주변 댄스 클럽들을 모두 출입할 수 있는 '클럽 데이'의 파급 효과에 대해서는 엄청 났다는 평가가 있다. 소비 향락 문화의 주범이라는 비판도 적지 않지만 댄스 클럽의 출현으로 홍대 주변의 상업화가 본격적으로 점화된 것은 부인할 수 없기 때문이다. 2007년부터는 홍대 주변 주택가에도 카페가 생기고 특이한 음식점, 바bar 등이 밀물처럼 몰려왔다는 게 현지 부동산 중개업소들의 설명이다. 그리고 인천공항과 연결되는 공항철도가 2012년부터 홍대입구역을 지나면서 외국인들도 홍대로 쏟아져 들어왔다.

현재 홍대 상권은 홍대입구역 사거리에서 홍대 정문 쪽으로 난 서교로를 중심으로 서교동 상권과 동교동 상권으로 나눠진다. 서교동 상권에는 인디 밴드의 라이브클럽, 고급 레스토랑, 일본식

선술집 등 개성 있는 업종이 모여 있다. 아울러 클럽을 찾는 개성 강한 젊은이를 위한 의류점이나 액세서리점도 성업 중이다. 반면 동교동 상권은 호프, 전통 주점, 고깃집 등이 밀집해 있어 일반 유흥 상권의 성격을 띠고 있다.

홍대 상권에서 가장 장사가 잘 되는 A급 지역은 홍대입구역 9번 출구에서 '걷고 싶은 거리'로 꺾어지는 'ㄱ자'형 도로변이다. 패션 상가 모습을 띠고 있는 서교로 대로변이 B급, 대로변 뒤편에 이어지는 골목 상가는 C급 지역으로 꼽힌다.

홍대 상권은 10여 년 동안 성장세를 거듭하면서 영역도 확대되는 양상이다. 홍대입구역 주변을 기점으로 남진南進에 남진을 거듭해 6호선 상수역이 지나는 독막로를 거쳐 당인리발전소 근처의 토정로까지 홍대 상권에 포함되고 있다.

: 딸을 위한 건물 :

우리 팀도 2014년 말과 2015년 초 사이에 연이어 독막로와 토정로에 있는 근린생활시설 건물의 매매를 성사시키면서 홍대 상권의 위력을 다시 확인했다. 홍대입구역과 반대쪽이고 거리도 떨어져 있으면서 땅 모양도 예쁘지 않은데 가치는 계속 오르고 있기 때문이다.

의류 제조회사를 경영하는 유승민 대표는 회사 일을 열심히 도와주고 있는 둘째 딸에게 매장을 차려줄 생각으로 2년 전부터 상수역 근처의 건물들을 눈여겨보고 있었다. 2012년 적당한 건물을 발견하고 계약하려고 했으나 3.3제곱미터1평당 가격이 1500만 원에서 2000만 원대로 형성되자 포기했다. 홍대 상권이 상수역 주변까지 밀려오는 바람에 건물 값이 너무 올랐다고 판단했기 때문이다. 그런데 그때는 상수역 주변의 땅값이 상승 국면이었던 시기였다. 홍익대학교를 졸업해 주변 상권까지 무척 잘 안다고 생각했는데 오히려 그 생각이 판단을 흐리게 만든 경우였다.

유 대표는 오판을 인정하고 투자 방향을 바꿨다. '늦었다고 생각할 때가 가장 빠르다'는 말을 떠올리며 지인의 소개로 우리 회사를 방문했다. 투자 대상 지역과 목적이 분명했기 때문에 물건 검토는 비교적 신속하게 진행됐다.

상수역 주변을 물색하다가 독특한 사연의 건물을 만났다. 로드샵도 가능한 의류 매장을 운영하기에 규모가 적당한 건물인데 당시에는 택배회사의 물류 창고로 사용하고 있었다. 그런데 물류 창고로 오토바이, 트럭이 수시로 드나들자 주변 주민들의 불만이 쏟아지고 있었다. 주민들이 자꾸 민원을 제기하자 택배회사에서 이전을 검토하고 있다는 이야기를 답사하면서 듣게 되었다. 우리 팀

은 바로 택배회사를 찾아가 매수 희망자가 있으니 중개하겠다고
제안했다.

택배회사도 매각 의사를 나타냈는데 희망가로 3.3제곱미터1평당
3000만 원을 제시했다. 3.3제곱미터당 1500만 원도 비싸다고 매
입을 포기했던 매수자였는데 그보다 가격이 2배라니 어떻게 해야
하나…. 힘이 풀린 상태에서 유 대표에게 상황을 이야기했더니 반
응이 오히려 놀라웠다. 그 가격으로 계약할 테니 자신의 조건만
잘 해결해달라는 게 아닌가. 그리고 얼마 지나지 않아 계약서에
진짜로 도장을 찍었다.

유 대표는 "그동안 꾸준히 지켜봐온 지역이고 나중에 매장도 열
어야 하기 때문에 조건에 맞는 꼭 필요한 건물이었습니다. 진작

매입했으면 좋았겠지만 앞으로 둘째 딸을 위한 투자 가치가 확실하다는 판단에 결심했습니다"라고 말했다. 도장을 찍은 후, 우리 팀은 더욱 바빠졌다. 택배회사가 떠난 자리에 직영하기 전까지 임차인을 구해달라는 제안을 받았기 때문이다. 또한 매매가의 65%를 대출로 해결해서 하루 빨리 임차인을 찾아 대출이자 갚는 데 도움을 드리고 싶었다. 작은 현수막도 내걸고 전단지도 돌리면서 임차인 모집에 나섰다. 역시 뜨는 상권이라서 반응이 빨랐다. 1층의 높은 층고가 매력적이었는지 촬영 스튜디오를 찾던 광고회사가 바로 계약했다. 임차인 모집을 서두르는 바람에 임대료 협상에서 약간 밀린 아쉬움은 남지만 대신 매매에 이어 맡게 된 건물 관리에서 좀 더 신경을 써드리기로 했다.

: 미래 가치에 주목하다 :

마음에 드는 건물을 매입해 기분이 좋아진 유 대표는 우리 팀을 위해 마련한 저녁 식사 자리에서 고향 후배이자 중소기업을 경영하는 석필수 대표를 소개해줬다. "부동산 투자에 관심 많은 후배이니 좋은 물건을 부탁한다"라는 말씀까지 주셨다. 석 대표는 선배인 유 대표가 투자에 만족하는 상수역 일대를 알아봐 달라고 했다. 이번에는 독막로 남쪽인 토정로 일대를 물색하기 시작했다.

국내 최초 화력발전소로 1921년 세워진 당인리발전소가 용량 80킬로와트급 발전기 2기를 지하 30미터 암반층까지 판 곳에 조성하고 지상에는 전체 부지의 75%에 해당하는 8만 8,350제곱미터 규모의 공원으로 탈바꿈하는 곳의 인근 도로가 토정로이다. 이런 개발 호재에 따른 미래 가치를 예상해 토정로 일대 건물을 집중적으로 검토했다. 그래서 주택을 사무실로 개조한 건물을 최종 대상으로 올렸다. 대지 218제곱미터66평, 지하 1층에 지상 2층, 연면적 264제곱미터80평였다. 시세는 21억 원으로 3.3제곱미터1평당 3200만 원 선이었다.

석 대표는 60%까지 담보 대출을 활용할 수 있다며 계약 준비를 해달라고 부탁했다. 그런데 임차인의 저항이 의외로 컸다. 5년 전에 입주하면서 주택을 사무실로 개조하는데 투자한 공사비 2억 원 가운데 얼마라도 보상해줄 것을 요구하며 버티고 있었다. 어떻게 이런 일이 벌어질 수 있는지 확인해보니 임차인이 전세금을 주는 대신 공사비에 투자하기로 한 것이었다. 임대차 계약에 원상 복구한다는 조항이 있었지만 그동안 건물주는 권리행사를 제대로 하지 못하고 임차인에게 끌려 다니고 있었다. 이런 상황에서는 건물주와 임차인이 만나봐야 결론이 나지 않는다. 우리가 임차인을 만나기로 했다. 임차인을 만나 술 한잔 마시면서 이야기부터 들어줬다. 하소연을 들어주고 감정을 추슬린 상태에서 계약 조건을 설명하면서 이사 비용 없이 명도해야 된다는 임대차 법으로 이해를 시키니 임차인의 태도가 바뀌었다. 2개월 안에 이사할 테니 성의 차원으로 이사 비용을 보태 달라고 부탁했다.

전세 임차인이 나간 자리에 월세 임차인을 받자 수익률이 연간 1%에서 5%로 개선됐다. 이후 땅값도 3.3제곱미터1평당 4000만 원으로 뛰었다.

다른 지역에 비해 썩 훌륭한 물건이 아니었지만 값이 오른 이유로 홍대 상권의 위력 외에는 달리 설명할 방법이 없다는 것을 알게 된 투자 사례였다. 부동산 값이 상승국면에 들어간 지역이어서 매수 타이밍이 늦었다고 생각해도 투자 목적이 분명하고 수익 구조를 개선할 수 있다면 공격적인 결정으로 성과를 낼 수 있다.

정동훈 팀장
전문 분야 : 중대형 오피스 빌딩 임대 및 매매 컨설팅·공실 마케팅

3장

숨겨진 가치를 찾아라

01

땅은 개발하기 나름이다

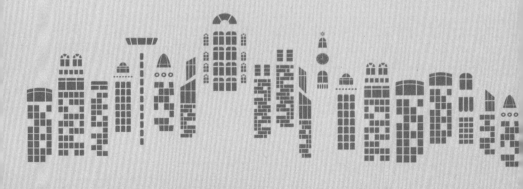

: 매입 의도가 확실한 빌딩 투자자 :

2013년 새해 벽두부터 큰 손님이 찾아오는 행운을 얻었다. 한국경제신문에 게재한 빌딩 매물 광고를 본 한수민 대표의 문의전화를 받았다. 광고에 나온 빌딩 매물을 당장 내일이라도 살 기세였다. 일단 매물에 대한 브리핑 시간을 달라고 했더니 내일 자신의 회사로 오라고 했다. 여전히 불같은 기세였다.

한 대표는 중견 무역회사를 경영하는 대표이사라면서 명함을 건넸다. 빌딩을 매입하려는 의도는 3가지였다. 무역 업무 특성상 외국 손님이 회사로 자주 오는데 임대 건물에서는 의전 분위기를 내기 힘들어 사옥의 필요성을 느끼고 있었다. 또한 매출과 영업 규모가 점점 커지는 상황에서 그동안 회사 발전에 기여한 임직원들에게 '우리 노력으로 사옥이 생겼다'는 자부심을 불어 넣어줄 배려도 깔려 있었다. 마지막 이유는 투자였다. 구입한 빌딩에 여유 공간이 생기면 임대를 놓아 수익을 챙길 계산을 하고 있었다. 매입하고 리모델링을 하면 건물 가치가 올라 향후 시세차익도 기대할 수 있는지 묻기도 했다.

한 대표는 준비된 빌딩 투자자 같았다. 명확하게 빌딩 매입 의도가 있기 때문이다. 이처럼 빌딩을 매입하려는 의도가 분명하면 투자의 절반은 성공한 것이다. 그런 투자자에게는 소개할 빌딩 매물을 추리는 작업도 수월하다.

워낙 소상히 빌딩 매입 의도를 설명했기 때문에 우리 팀은 새로운 전략으로 임했다. 한 대표가 연락하게 만들었던 광고의 물건을 과감히 접고 서울 송파구 방이동 매물을 새로 소개했다. 중소형 빌딩이 밀집된 올림픽공원 남문사거리 근처의 지하 1층, 지상 5층 건물이며 연면적 1,241제곱미터375평의 전형적인 중소형 빌딩이었다. 건물주의 매도 희망가격은 3.3제곱미터1평당 4714만 원으로 급매물이어서 당시 주변 거래 사례보다 저렴했는데 마침 한 대표가 찾고 있던 60억 원대와 비슷했다. 9호선 연장 구간의 역사驛舍가 들어설 예정지와 가깝고 당시 회사가 있는 곳에서 멀지 않아 사옥 이전에 따른 임직원들의 출퇴근 혼란을 걱정하지 않아도 됐다.

그런데 대로변에 건물이 나란히 이어지는 박스형 빌딩이 대부분 그렇듯이 이 빌딩에도 1층에 단점이 있었다. 건물 뒤편에 자동차 5대를 댈 수 있는 주차장으로 연결되는 통로가 1층 중간에 있는 것이다. 바로 옆에 있는 약국의 임대공간(42제곱미터)보다 넓은 면적(45제곱미터)을 이 통로가 차지하고 있었다. 임대수익에도 손해인 공간일 뿐만 아니라 사옥용 건물로는 주차장 효용성도 떨어져 한 대표의 결정이 궁금했다. 건물주는 다른 건물도 갖고 있어서 증여 때문에 매각이 불가피해 확실한 매수자라면 바로 계약하겠다는 입장이었다.

매수자 측인 한 대표는 건물 1층의 단점을 알고 있었지만 임직원들의 출퇴근에 유리한 9호선 연장 개통이라는 입지적 환경에 무게를 더 두고 매입을 결정했다. 개인이 아닌 법인 명의로 매입할 계획이며 계약 준비를 서둘러 달라고 부탁했다.

계약 준비를 하면서 법인이 본점 사업용 부동산을 매입할 때 취득세 중과요건에 해당되는지를 먼저 확인했다. 설립 5년 이내 법인이 대도시에 부동산을 취득할 경우 취득세를 3배 중과한다는 규정이 있기 때문이다. 대도시의 범위는 수도권 정비계획법 제6조의 규정에 의한 과밀억제권역을 말한다. 서울 및 인천 전 지역(송도, 영종, 청라지구 제외), 과천시·광명시·군포시·부천시 등 경기 남부, 고양시·구리시·의정부시·남양주시 등 경기 북부가 과밀억제권역에 해당된다. 법인이 부동산을 취득할 경우 서울과 서울을 둘러싼 거의 모든 지역에서 취득세 중과 여부를 따져봐야 하는 것이다.

취득세 중과 여부를 미리 검토하지 않고 매입을 서두르다가 나중에 매입 계획을 대폭 수정한 사례를 잘 알고 있어서 우리 팀은 매입을 의뢰한 대표이사의 법인 본점 소재지, 설립일 등을 꼼꼼히 확인했다. 다행히 취득세 중과요건에는 해당되지 않았다.

이제 계약서에 도장 찍을 일만 남았다. 매입 의뢰에서 계약까지 무척 속도가 빨랐다. 한 대표는 신속한 일처리에 고맙다면서 점심 식사를 사주셨다. 그 자리에서 20억 원 정도의 상가 건물도 매입할 수 있다는 의사를 은연중에 나타냈다. 빌딩 중개 컨설턴트로서는 그냥 귓가에 흘려버릴 내용이 아니었다. 무엇보다 그동안 빌딩 컨설턴트의 입장을 배려해준 고마운 고객이어서 상가 건물을 추가 매입할 때 도움을 드리고도 싶었다.

계약서에 도장을 찍던 날, 깜짝 놀랄 만한 선물을 드리기로 결정하고 고민하다가 아쉬움으로 남아 있는 1층 주차장 통로를 해결해주기로 했다.

: 깜짝 선물을 준비하다 :

우리 팀은 신중하면서도 은근하게 움직였다. 한 대표에게는 일단 알리지 않고 매입했던 빌딩 뒤편의 다가구 4층 건물인 A 필지와 단독주택인 B 필지의 소유자에게 매각 의사를 타진하기로 했다. 기존 임차인의 계약 기간이 남아 있고 한 대표도 당장 이전할 계획은 없는 상황이라 시간적 여유는 있었다.

어느덧 해가 두 번 바뀌어 2015년 봄이 됐다. 그동안 접촉을 꾸준히 했던 B 필지 소유자가 매각하겠다고 연락을 줬다. 그동안 준비했던 깜짝 선물을 꺼내 보일 때였다. 1층 주차장 통로의 해결방안 등 그동안 구상했던 토지 및 건물 이용 계획을 한 대표에게 설명할 기회가 온 것이다. 한 대표가 부동산 투자에 눈이 밝다고 판단해서 단도직입적으로 설명했다.

"매각 의사를 확인한 B 필지 매입을 권합니다. 대지 191제곱미터, 즉 58평의 크지 않은 면적이지만 매입한 건물과 연결하면 활용도가 높습니다. 주차장 출입구는 8미터 도로에 접한 B 필지에

새로 내고 주차장을 지하로 빼면 이미 매입한 5층 빌딩의 1층 주차장 통로는 임대공간으로 전환할 수 있기 때문입니다. 이런 밑그림을 토대로 5층 건물과 B 필지를 연결해 한꺼번에 개발하면 부지가 늘어나 건폐율과 용적률이 높아지기 때문에 수평이나 수직 증축이 가능합니다. B 필지는 이면도로여서 대로변의 건물 시세에 비해 3분의 1 수준이지만 통합 개발이 되면 동일한 시세를 받을 수 있어 임대수익도 늘리고 투자수익도 기대가 되어 두 마리 토끼를 잡을 수 있습니다."

역시 한 대표는 이번에도 빨랐다. 두 번 묻지 않고 B 필지를 3.3제곱미터1평당 2300만 원에 사들였다. 계약이 끝난 지 2년 가까이 지났지만 계속 관심을 갖고 투자 계획을 수립한 우리 팀의 노력을 인정해준 것이다. 우리 회사와 교류하는 건축 설계사무소에 의뢰해 5층 건물과 이웃한 B 필지를 통합 개발하는 설계도를 그렸다. 건축 규정과 법규를 꼼꼼히 따져 작성했다.

5층 건물은 이미 건폐율 49.5%, 용적률 249%가 적용돼 제3종 일반주거지역의 허용 기준을 거의 채웠지만 새로 매입한 B 필지를 합쳐서 통합 개발하면 수평 및 수직 증축이 가능했다. 주변 임대 시세로 산정해본 결과 기존 1층 주차 통로만 임대 면적으로 전환해도 월 250만 원의 임대료를 받을 수 있다는 계산이 나왔다. 연간으로 따지면 3000만 원의 수익이 가능하다. 게다가 B 필지는 건폐율과 용적률에 여유가 있고 5층 건물과 통합 개발되면 양면 도로가 확보돼 수평 및 수직 증축을 통해 686제곱미터207평까지 넓힐 수 있어 총 연면적 1791제곱미터542평로 확대된다. 바닥 면적 191제곱미터58평의 5층 건물이 248제곱미터75평의 지하 1층, 지상 7층 건물로 바뀌는 것이다. 그렇게 하면 임대 면적은 기존 1,241 제곱미터375평에서 1,791제곱미터542평로 늘어나게 된다. 보증금 3억 4000만 원, 월 1760만 원의 임대수익이 보증금 5억 5000만 원, 월 3500만 원이 넘어 2배 넘게 증가한다.

임대수익의 증가뿐 아니라 35미터 대로변 건물 시세의 3분의 1 수준이던 B 필지 가격이 증축 공사와 함께 동일한 시세로 오르는 효과도 거두게 되었다. 지하 1층에 주차장이 만들어지고 지상 1층에 주차 타워를 설치하면 주차는 30대까지 가능하다. 게다가 9호선 3단계 연장 구간이 개통되면 역세권 프리미엄까지 누릴 수 있다. 사옥 규모가 당초보다 커진 한 대표는 소풍 가는 날을 기다리는 어린아이처럼 착공 날짜만을 기다리고 있다.

불확실한 근거로 일확천금을 노리면 투기지만 객관적인 자료를 토대로 기대치를 전망하면 투자가 된다. 한 대표가 건물을 매입한 올림픽공원 남문 맞은편 대로변의 시세는 2015년 상반기 기준으로 2년 전에 비해 15% 정도 올랐다.

통합 개발을 활용한 증축 공사에다 임대수익 증가라는 시너지

B 필지를 합해서 개발하기 전

층	면적	월세(원)	3.3㎡(1평) 임대료	용도
지하 1층	241㎡(73평)	1,500,000	20,548	근린생활시설
1층	113㎡(34평)	4,000,000	117,647	〃
	42㎡(12.5평)	−	−	주차장 통로
	45㎡(13.5평)	2,100,000	155,555	근린생활시설
2층	200㎡(60.5평)	2,500,000	41,322	사무실
3층	200㎡(60.5평)	2,500,000	41,322	〃
4층	200㎡(60.5평)	2,500,000	41,322	〃
5층	200㎡(60.5평)	2,500,000	41,322	〃
합계	1241㎡(375평)	17,600,000		

B 필지를 합해서 개발한 후

층	면적	월세(원)	3.3㎡(1평) 임대료	용도
지하 1층	264㎡(80평)	2,400,000	30,000	근린생활시설
1층	298㎡(90평)	13,500,000	150,000	〃
2층	205㎡(62평)	4,336,500	70,000	〃
3층	205㎡(62평)	3,097,500	50,000	〃
4층	205㎡(62평)	3,097,500	50,000	〃
5층	205㎡(62평)	3,097,500	50,000	〃
6층	205㎡(62평)	3,097,500	50,000	〃
7층	205㎡(62평)	3,097,500	50,000	〃
합계	1791㎡(542평)	35,724,000		

• B 필지 포함해 증축 시, 총 연면적 550제곱미터(167평) 증가
• 새 건물 임대료 적용 시, 임대수익 18,124,000원 증가

효과까지 반영돼 높은 투자수익을 기대할 수 있는 이번 사례는 빌딩 중개 컨설턴트로서도 자부심을 갖게 했다.

김주환 이사
전문 분야 : 입지 및 상권 분석·중소형 빌딩 매매 및 신축 사업 부지 컨설팅·빌딩 자산 관리

02
지구도 들어 올린다는
지렛대 효과

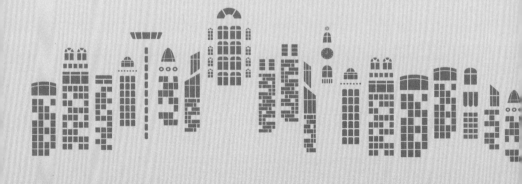

: 저금리에 빛을 발하는 지렛대 효과 :

한국은행 금융통화위원회는 2015년 3월 12일에 기준금리를 0.25% 낮춘 연 1.75%로 발표했다. 지금까지 경험하지 못한 '1%대 기준금리 시대'라는 사상 초유의 국면으로 진입한 것이다. 그런데 난데없는 메르스중동호흡기증후군 확산으로 내수가 침체 조짐을 보이자 한국은행은 석 달 뒤인 6월 11일에 기준금리를 추가로 0.25% 인하했다. 사상 최저치인 연 1.5%가 된 것이다. 연이은 금리 인하로 이자소득에 직격탄을 맞은 자산가들은 돌파구로 부동산 임대소득에 더욱 눈을 돌리면서 우리 회사의 상담실과 접견실은 연일 만원이었다.

우리 회사의 고객은 빌딩 투자가 목적이다. 한때 60~70대가 주류를 이뤘으나 최근 들어서는 40~50대도 적지 않다. 연령층이 낮아지면서 자금 동원 방식도 크게 달라졌다. 고가인 빌딩을 매입하면서도 전부 현금으로 결제하던 때가 있었지만 지금은 금융회사와 연계해서 자금을 조달하는 경향이 매우 강하다. 이른바 레버리지leverage 효과를 활용하는 투자 방식이 대세로 떠올랐다. 흔히 지렛대 효과라고도 한다.

부동산 투자에서 이 지렛대 효과는 임대수익률보다 낮은 은행 금리를 이용해 수익을 극대화하는 것을 말한다. '수익율 29% 초 대박!', '3000만 원 투자로 연 600만 원 수익 보장' 등의 상가 분양 광고도 수익률 대비 낮은 은행 금리를 이용한 지렛대 효과를 자극적인 문구로 표현한 것이다. 물론 확정 수익을 장기간 보장한 것이 아니거나 유명 업체가 입점 의향서를 제출만 한 상태인데 확정된 것처럼 과장해서 광고하는 경우가 많기 때문에 사실 여부를 꼼꼼히 따져보지 않으면 나중에 큰 피해를 입을 수 있다.

그동안 금융회사에서 낮은 금리를 활용하는 지렛대 효과로 부동산에 투자하는 사례는 많았다. 이제 우리나라 금리도 물가상승률을 감안할 때 사실상 '제로'이기 때문에 이자소득에 의존하던 자산가들이 임대소득을 올릴 수 있는 부동산 상품을 두드리고 있다. 특히 빌딩은 상당한 자금을 들여야 하므로 지렛대 효과가 더욱 빛이 난다.

: 지렛대 효과로 빌딩 주인이 되다 :

하승진 대표는 대학시절에 이미 벤처기업을 창업한 적이 있는

30대 후반의 젊은 사람이었다. 그는 2014년 3월 우리 회사에서 빌딩 투자 자문을 처음 받았다. 그때까지 빌딩 매입 경험은 없었으나 관심은 무척 많아 보였다.

본격적으로 검토한 것은 그해 9월이었다. 가격이 오른 아파트를 처분하고 다른 여유 자금과 합치니 10억 원 정도가 마련됐다. 임대수익용 빌딩을 찾기 위해 6개월 동안 20여 개의 물건을 검토하고 답사하다가 마침내 신촌에서 괜찮은 건물을 발견했다.

지은 지 10년이 되지 않았고 게다가 5년 전에 리모델링까지 마친 비교적 깔끔한 상태의 오피스 빌딩으로 주변 시세보다 저렴했다. 매매가는 23억 2000만 원이었고 매입 당시 보증금 1억 3000만 원에 월세는 관리비 포함해 1000만 원으로 수익률은 연 5%였다.

은행 금리 3% 초반 기준으로 매매가의 60% 정도인 14억 원을 대출받았기 때문에 하 대표가 투자하는 현금 8억 원을 기준으로 했을 때의 수익률은 10%대로 계산됐다.

앞에서 사례를 든 하승진 대표가 지렛대 효과를 보수적으로 활용한 투자자였다면 우리 팀의 또 다른 고객인 김신원 대표는 공격적인 투자의 전형으로 꼽을 만하다. 웬만한 면적의 아파트도 매입하기 어려운 현금 3억 원세전 기준으로 매매가 30억 원에 달하는 건물을 사들였기 때문이다.

우리 팀에서 작성한 분석 자료를 토대로 김신원 대표가 2015년 1월 매입한 마포구의 건물 매매가는 28억 3000만 원이었다. 당시 보증금 2억 원에 월세는 관리비를 포함해 1400만 원이었고 수익률은 연간 6%대였다. 강북 지역에 있는 건물의 평균 수익률 4.5%를 웃도는 알짜 건물이었다. 과연 김신원 대표는 얼마를 대출받았을까?

건물 내역과 매수자의 신용을 검토한 은행은 24억 원의 대출을 승인했다. 김신원 대표의 신용도가 높았기 때문에 가능했다. 현금 여력은 있었으나 저금리를 활용하기 위해 대출을 최대한 받는 공격적인 투자 방법을 선택한 것이다. 보증금을 빼고 나니 김신원 대표가 실제로 들인 현금은 2억 5000만 원에 불과했다. 매매가의 10%도 안 되는 현금으로 28억 원대 건물을 산 것이다. 지렛대 효과를 따져보니 연간 수익률은 40%에 육박했다. 과대 부동산 광고에나 나올 법한 수익률이 현실로 나타난 것이다. 그것도 처음으로 매입한 빌딩에서 대박을 터뜨렸다.

은행 이자소득의 시대에서 부동산 임대소득의 시대로 바뀌는 트렌드를 읽은 김신원 대표의 안목과 높은 신용도로 대출을 최대한 받은 공격적인 투자 성향이 어우러져 대박을 만들게 되었다.

그렇다면 30억 원 미만의 소형 빌딩에 투자할 때만 지렛대 효과를 활용할 수 있을까? 물론 그렇지 않다.

석지훈 대표는 2015년 2월 서울 강서구 대로변의 신축 건물을 55억 원에 매입했다. 평소 거래하던 은행이 금리 2.78%를 적용한 41억 원을 대출해줬다. 매입 건물에 4억 원의 보증금이 있으니 매매가 55억 원인 건물을 사는데 투입한 현금은 10억 원이었다. 매입 당시 7%대의 수익률을 나타내던 건물은 은행 자본을 대거 빌리는 지렛대 효과를 통해 연간 수익률이 25%로 올라섰다.

지금까지 소개한 투자 사례의 공통점은 10억 원 이하의 현금만 갖고 매매가 대비 60~90%의 대출을 받아 건물을 매입한 것이다.

이처럼 성공한 사례도 있지만 지렛대 효과를 이용할 때는 주의할 점이 있다.

첫째, 빌딩의 현재 임대료 수준을 파악해야 한다. 빌딩 임대료가 은행 이자를 감당할 정도는 되어야 하기 때문이다. 간혹 전세 비중이 높은 원룸 건물을 은행 대출까지 받아 매입했다가 이자를 제대로 내지 못해 경매로 넘어가는 사례가 많다. 공격적인 투자도 좋지만 최소한 은행 이자를 충당할 수 있는 임대료가 생기는지 따져본다.

둘째, 상권 분석은 필수다. 임대료가 이자를 충분히 보완할 수 있는지, 주변 수준보다 일시적으로 너무 높게 포장되어 있는지, 월세가 밀려서 수익률이 떨어지는지 등을 꼼꼼히 분석해야 한다. 어느 것 하나 부족한데도 투자를 하면 그 결과는 끔찍하다.

셋째, 주거용 공간 비율이 높은 건물은 대출 제한에 걸린다. 예를 들어, 원룸 건물의 경우에는 소액 임차인 우선 변제를 위해 은행은 대출금에서 방 하나당 3200만 원을 깎는다. 방 10개를 갖춘 원룸 건물이라면 3억 2000만 원이 예상 대출금에서 깎일 것으로 생각해야 한다. 5억 원을 대출받을 계획이었다면 실제로 1억 8000만 원만 은행에서 승인될 수 있다. 그렇게 되면 자금 조달 계획에 큰 차질이 생기고 지렛대 효과에 대한 기대도 물거품이 된다.

이와 같은 이유로 사전에 빌딩 중개 전문 컨설턴트의 조언을 받는 것이 낭패를 줄일 수 있는 하나의 방법이다.

김송현 팀장
전문 분야 : 중소형 빌딩 매매·사옥 및 수익형 부동산 매매

03

리모델링의 기술

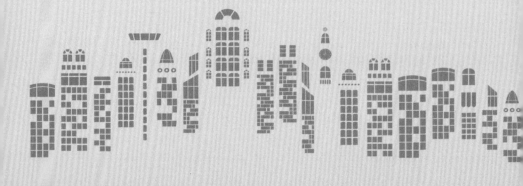

: 리모델링으로 가치를 올려라 :

청담동에서 고급 레스토랑을 운영하고 있는 변성우 대표는 아침마다 경제신문을 챙겨본다. 음식, 식음료 등에 관한 뉴스보다 부동산 관련 기사를 보기 위해서다. 특히 중소형 빌딩 매물 정보는 놓치지 않고 챙겨 보다가 눈에 띄는 물건 관련 기사는 오리거나 휴대전화 카메라로 찍어 놓을 정도다.

고급 레스토랑이지만 경기를 타기는 마찬가지여서 고정적으로 수익이 들어오는 중소형 빌딩에 관심을 갖기 시작했다. 변 대표와의 만남도 우리 팀이 한 경제신문에 낸 매물 광고를 보고 문의하면서 시작되었다. 지인의 성공적인 빌딩 투자를 보면서 임대수익용 빌딩에 투자하기로 결정했다며 시세는 저렴하면서 임대수익이 높은 물건을 찾아달라고 부탁했다.

변 대표는 그동안 아파트를 거래한 경험은 있지만 중소형 빌딩 매입은 처음이었다. 상담하면서 그의 투자 목표를 확인하고 5건의 건물을 소개했다. 초보 투자자에게 나타나는 반응이 그에게도 똑같이 나타났다. "금액이 비싼 것 같다", "내가 잘 모르는 지역이다", "임차인 구성이 마음에 안 든다" 등의 이유를 대며 계속 새로운 물건을 소개해주길 원했다. 그러는 사이에 5건의 건물은 모두 다른 사람에게 팔렸다. 팔릴 때마다 그에게 알려주자 별 내색은 하지 않았지만 "그런가요?"라는 목소리에는 아쉬움이 배어 나오는 것 같았다. 일단은 휴식 기간이 필요하다는 생각에 2개월 동안 그에게 새로운 물건을 추천하지 않았다. 이내 기회는 다시 찾아왔다.

우리 팀을 통해 건물을 매입했던 건물주가 이번에는 매각 의뢰를 해왔다. 강북의 환승 역세권 대로변 코너에 있는 건물이었다. 건물주가 직접 전화를 했으니 매각 의사는 확실하다고 판단했다.

매각을 의뢰한 건물의 현장을 답사했더니 장단점이 동시에 발견됐다. 환승 역세권이라는 입지 조건이 장점으로 제일 먼저 꼽혔다. 반면 건물이 20년이나 되었고 관리 상태도 부실해 우량 임차업종 대신 개인 사업자가 소규모로 운영하는 점포만 있어 수익률이 낮았다. 그나마 모두 5년이 지난 장기 임차인들이어서 상가임대차보호법에 따라 계약 갱신 요구권을 행사할 수 있는 기간은 지나 명도 협의는 수월할 것으로 보였다. 변 대표에게 건물을 리모델링하여 우량 임차인을 유치하자고 제안할 아이디어가 떠올랐다.

"대표님, 역세권 대로변 코너에 위치한 건물이 하나 나왔습니다. 답사하러 가시죠. 시간은 언제가 편하세요?"

"지역은 어디죠? 제가 찾고 있는 강남 3구인가요?"

"강남 3구는 아니지만 메리트가 큰 건물입니다. 이번에도 찾는 지역이 아니라고 가보시지도 않으면 다른 매수자에게 좋은 기회를 또 넘기게 될 수 있습니다. 제 안목을 믿으시고 건물 답사하러 같이 가시죠."

"좋아요. 팀장님, 안목을 믿어 볼게요. 다행히 오늘 오후에 시간이 비어 있으니 답사 갑시다."

'현재는 임대수익이 낮지만 리모델링을 해서 우량 임차인을 유치하면 수익률 개선이 가능하다'는 설명은 하지 않고 건물 답사부터 하도록 유도했다. 괜히 이야기를 했다가 건물 매입도 처음인데 경험도 없는 내가 리모델링을 어떻게 하느냐, 새로운 임차인 구하는 게 어렵지 않은가, 공실이 생기면 어떡하나 등의 이유를 들어 아예 건물을 보지 않을 것 같았다. 역시 건물 답사 후 변 대표의 반응은 예상했던 대로였다.

"건물이 좀 오래돼 보이네요."

"네, 지은 지 20년 정도 됐습니다. 겉보기에는 오래되어 보이는 건 사실입니다. 하지만 매도자가 직접 지어서 구조가 견고하고 임차인들과도 이야기해보니 하자는 없습니다. 리모델링을 하면 괜찮을 것 같습니다."

"제가 찾는 지역은 아니긴 한데…."

말끝을 흐리며 찾는 지역은 아니라고 했지만 변 대표의 눈빛과 말투에서 나쁘지 않다는 느낌을 받았다. 그렇게 건물 답사는 끝이 났고 우리 팀은 부산하게 움직였다. 리모델링 경험이 많은 시공업체를 섭외하고, 해당 건물 주변의 임대 시세 정보를 조사했다. 또한 우량 임차인을 확보하기 위해 프랜차이즈 점포 개발 담당자들에게 임대료 등을 문의했다. 그렇게 해서 정리한 정보를 바탕으로 변 대표에게 브리핑할 분석 자료를 만들었다. 건물 답사를 한 지 3일 후에 변 대표에게서 전화가 왔다.

"건물의 위치는 마음에 듭니다. 답사한 당일 저녁에 가족들과도 다시 가봤습니다. 오늘도 다시 가보고 나서 전화하는 거예요. 근데 리모델링이라는 말만 들어봤지 해본 적이 없어서…. 그리고 리모델링을 끝내도 임대가 제대로 될지 걱정도 되고 그렇습니다."

"그러실 줄 알고 리모델링 경험이 많은 우리 회사 협력업체에 미리 그 건물에 대한 검토를 부탁해놨습니다. 조만간에 리모델링 업체와 미팅 한번 하시죠. 그리고 리모델링 후에 임대가 걱정된다고 하셨죠?"

"당연한 거 아닌가요?"

"대표님, 그 건물 보러 몇 번이나 다녀오셨죠? 혹시 건물 주변도 보셨겠죠?"

"예. 그렇습니다."

"그 주변에 혹시 공실 있는 건물 보셨나요?"

"공실…. 없었던 것 같아요."

"대표님, 정확히 표현하자면 공실이 있는 건물은 없습니다. 다만, 건물의 입지나 시설 상태에 따라 임대료 차이가 있는 것입니다. 객관적인 자료와 정보에 의해 제가 주변 임대료 조사를 다했습니다. 그리고 자금력을 가진 우량 임차인의 입점 의향과 지불 가능한 임대료 수준도 정리했습니다. 만나서 자세한 내용은 말씀드리겠습니다."

통화를 마치고 회사로 찾아온 변 대표에게 그동안 준비한 자료를 갖고 브리핑을 했다. 브리핑을 들은 변 대표는 생각에도 없었

던 지역의 건물을, 그것도 전혀 모르는 리모델링까지 하기로 결정하고 매입했다.

우리 팀이 제공한 리모델링 전과 후를 비교한 자료는 실제로 적용했을 때 큰 차이가 없었다. 리모델링 공사에서 가장 달라진 부분은 유리로 빌딩 외벽을 마감하는 커튼월 시공, 엘리베이터와 천장 매립형 냉난방기 설치였다. 공사가 끝난 후, 그동안 접촉했던 대형 프랜차이즈 업체들 유치에 성공했다.

매입 당시 월 1050만 원이었던 임대료는 공사 이후 월 2500만 원으로 올랐다. 연간 수익률 2.75%의 건물에 약 2억 5000만 원의 공사비를 들이니 수익률 6.16%의 건물이 된 것이다. 변 대표는 임대수익에만 의존해야 하는 상황은 아니었기 때문에 안정적인 수익을 내면서 미래 가치가 상승되도록 우리 회사에 관리도 맡겼다.

: 리모델링을 하기 전에 알아야 할 것들 :

변 대표 사례처럼 건물을 매입한 후 리모델링에 성공하려면 첫째, 사전 상권 분석은 필수다. 철저한 상권 분석을 통해 리모델링 후에 얻을 수 있는 임대수익을 계산한다. 상권을 분석할 때는 투자 대상 건물이 오피스 상권에 속하는지 소매리테일 상권에 속하는

지 구분하고 임차인 유치 계획을 세워야 한다. 주변 임대 시세 조사는 확인하고 또 확인해야 나중에 낭패를 보지 않는다.

둘째, 건물의 물리적인 검토가 필요하다. 리모델링의 효과를 극대화하는 건물의 구조는 따로 있다. 코너에 위치하거나 양면도로에 접한 건물, 엘리베이터가 없다면 엘리베이터 설치가 가능한 구조의 건물이 리모델링에 유리하다.

셋째, 건축 관련 법규를 확인해야 한다. 증축을 고려한다면 용적률뿐만 아니라 증축의 가능성도 알아본다. 지구단위계획구역, 중심지미관지구 등 심의를 거쳐야 하는 지역 내 건물은 리모델링 공사가 쉽지 않다. 리모델링 공사 이후 추가로 법정 주차 대수 확보가 가능한지도 알아봐야 한다.

넷째, 내 소유의 건물이지만 누가 사용할 것인가에 대한 답이 있어야 한다. 임차인 입장에서 고민하고 리모델링하는 것이 좋다. 그래야 공실을 최소화해 안정적인 임대수익뿐만 아니라 매각할 때도 시세차익을 기대할 수 있다.

천민재 팀장
전문 분야 : 중소형 빌딩 매매·상권 분석 및 사업 부지 컨설팅·투자 자문 및 자산 관리 컨설팅

04

제소전 화해조서의 위력

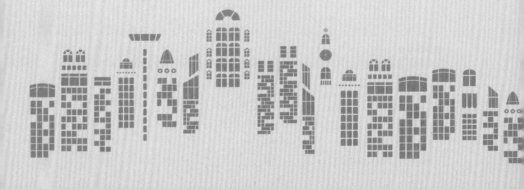

: 독특한 땅을 만나다 :

2014년 2월 13일 오후 4시쯤 외근을 마치고 회사로 돌아와 자리에 앉자마자 전화기가 울렸다. 매물을 찾는 고객의 전화였다. 투자 예상 금액은 100억 원! 대상 지역은 서울 성수역 인근, 면적은 사옥을 지을 수 있는 1,485~1,815제곱미터450평~550평 정도, 그리고 코너 또는 양면에 도로가 접해 있는 부지를 원했다. 의뢰 내용이 워낙 구체적이고 매수 의지도 강하게 전달받았지만 조건에 맞는 매물을 쉽게 찾기 어렵겠다는 예감이 들었다.

아니나 다를까. 성수역 주변을 샅샅이 물색했지만 매수자가 원하는 대지 1,320제곱미터400평 이상의 매물은 없었다. 정보를 입수한 물건도 있었지만 이미 다른 부동산 중개법인에서도 손을 탔던 것이어서 신선미가 떨어졌다.

이번에는 부동산 시장에 아직 나오지 않은 매물을 찾기로 했다. 차를 몰면서 성수동 일대의 건물을 빠지지 않고 챙겨 보다가 의뢰 물건과 비슷하다 싶으면 바로 확인했다. 며칠 동안 그렇게 진행하다가 매각을 추진하고 있는 부지를 찾았다. 지금까지 부동산 시장에 나오지 않은 새로운 물건이었다. 그런데 좀 더 확인해 보니 일반적인 매물 사례와는 달랐다. 임대차 계약 내용도, 이용 상황도 한마디로 독특했다.

소유주는 직접 만나지 못하고 소유주 측을 만나게 되었다. 소유주는 80세를 넘었지만 정정하셨고 자식들이 있는 외국으로 가기 위해 매각할 의사가 있다고 한다. 그런데 자식들은 모두 외국에서 살고 있고 소유주도 신경 쓸 여력이 부족해서 적극적으로 매각 작업을 맡아줄 사람이 없는 바람에 그동안 지지부진했던 것이다. 그런데 임대하고 있는 사람의 상황이 다른 임차인들과 달랐다. 50대 중반의 임차인은 이 부지에 자동차 정비업소를 세워 운영하다가 영업이 잘 되자 옆에 있는 다른 소유자의 부지를 매입했다. 매입한 부지에도 자동차 정비업소를 만들면서 기존에 임대하고 있던 부지의 자동차 정비업소와 연결해 증축하고 10년 넘게 있었던 것이다. 부지 소유자가 매각한다고 하자 50대 임차인은 자신이 매입했던 부지까지 함께 팔아야 한다고 고집을 부렸다.

임차인 입장에서 생각하면 정비업소 건물을 짓는 과정에서 시설 투자비가 투입됐고 현재 영업도 좋기 때문에 굳이 매각에 동의하고 싶지 않을 것이다. 또한 임차인이 자신의 부지까지 함께 팔아야 한다고 주장한 이유는 땅값의 차이 때문이다.

소유주의 부지는 대로변에 맞닿아 있지만 임차인의 부지는 이면

도로에 접해 있다. 두 부지를 한꺼번에 팔면 임차인의 부지도 소유주의 부지 시세에 맞춰 좀 더 높게 받을 가능성이 있으니 일괄매각을 주장했던 것이다. 소유주의 부지 면적은 1,650제곱미터500평를 조금 넘었고 임차인의 부지는 330제곱미터100평 정도 되었다.

그동안 발로 뛰어서 확인한 내용을 매수 희망자에게 전달했더니 입장은 반반이었다. 원하는 것보다 면적이 커서 별로 내키지 않지만 주변 시세를 알아보고 나서는 추가 매입 의사도 어느 정도 내비쳤다. 그러나 임차인은 자신의 의견이 받아들여지지 않으면 소유주의 매각 절차에 도움을 줄 수 없다고 엄포를 놨다.

이런 상황은 처음이었다. 소유주는 팔고 싶은데 임차인 눈치를 봐야 하다니…. 그리고 매수 희망자는 소유주의 부지만큼만 원하니 지혜의 왕이라는 솔로몬을 불러야 하나? 하지만 그럴 필요까지 없다. 우리 같은 전문 중개인이 나서면 되니까.

소유주부터 직접 만나기로 결정했다. 등기부등본을 확인해보니 거주지 이전이 너무 많아 현재 위치를 파악하기 어려웠다. 우리 팀원들은 소유자의 거주지 주소를 일일이 찾아다니며 탐문을 했다. 사람을 만나지 못하면 간단한 방문 이유를 적은 메모와 명함을 우편함에 남겼다. 소유자의 주거래 은행을 찾아가 사연을 얘기했지만 개인 정보 보호법에 근거해 기록된 내용을 알려줄 수 없다는 답변만 들었다. 그렇게 시간만 흘러가는 듯했으나 드라마에서나 보던 것처럼 소유자의 가족 중 한 분의 전화를 받게 되었다. 우리 팀은 받자마자 부리나케 달려갔다.

만난 그분도 매각 의사가 분명했다. 또한 부지를 팔고 가족들이 있는 외국으로 가겠다는 소유주의 의지도 직접 듣게 됐다. 임차인이 건물을 지어 관리도 사실상 해왔기 때문에 임대료도 주변 시세보다 낮게 받았다는 이야기를 그 자리에서 처음 들었다.

정리하자면, 소유주와 가족들은 부지를 매각하고 싶어 했다. 그동안 매각 작업을 임차인이 맡아 진행했는데 자신의 부지까지 같이 팔아야 하고 그렇지 않으면 협조하지 않겠다고 주장하는 상황이었다. 반면 매수자는 소유주의 부지만 매입하고 곧바로 사옥을 신축할 계획이어서 임차인은 바로 나가야 했다.

우리는 소유주 측을 직접 만났기 때문에 더 이상 임차인과 협상할 필요가 없다고 판단했다. 다만 임차인이 주장을 고수하며 버틸 경우 명도 기간이 오래 걸릴 가능성이 높고 시간을 끌면 우리 고객의 마음은 떠날 게 분명했다.

: 뜻이 있으면 길이 열린다 :

방법을 고민하다가 문득 한 가지 생각이 스쳐갔다. 재빨리 소유주에게 전화를 걸어 임차인이 임대료를 미납하고 있는지 문의했다. 역시 임차인은 임대료를 미납 중이었다.

임대차 계약서 외에 임차인과 맺은 다른 문서는 없는지 물었더니 우리가 내심 기대했던 답변이 돌아왔다. 변호사가 작성한 문서가 따로 있다는 것이었다. 바로 '제소전 화해조서提訴前 和解調書'였다. 말 그대로 분쟁이 발생하면 소송 전에 당사자 쌍방이 문서에 합의한 내용을 따르는 것으로 확정 판결과 동일한 효력을 갖고 있다. 당사자 쌍방이 변호사의 도움으로 작성했기 때문에 법적 효력이 그대로 적용된다.

명도소송을 제기하면 짧게는 6개월에서 길게는 2~3년을 기다려야 한다. 시간도 시간이지만 경우에 따라 당사자 간에 진흙탕 싸움이 벌어지고 심신을 지치게 만든다. 하지만 제소전 화해조서의 내용을 판결받아 놓으면 그런 낭비를 사전에 방지할 수 있다. 강제 집행이 즉시 가능하기 때문이다.

이번의 경우에도 소유자와 임차인 사이에 작성된 제소전 화해조서에 권리관계가 분명하게 적혀 있었다. 임차인이 3기3개월분에 해당하는 임대료를 지급하지 않으면 임차인은 부지 위에 설치한 시설 및 부대장비를 즉시 철거하고 퇴거하는 데 어떠한 이의도 제기하지 않는다는 내용이었다. 다시 말해 일정 기간 임대료가 밀리면 시설물을 철거하고 원상복구해서 땅을 비워야 한다는 것이

다. 연달아 임대료를 내지 않은 경우뿐만 아니라 계약 기간 중에 임대료를 내지 않은 것이 3번 이상인 경우도 해당된다.

확인 결과, 임차인은 5차례나 내지 않았다. 사실 임차인도 해당 문서의 내용을 기억하고 있었다. 소유주가 연로한 점을 과소평가하고 임대료를 지급하지 않은 것으로 보였다. 정비업소에 투자한 시설 비용의 일부라도 보상받기 위해 요령을 부린 듯하다.

매수 희망자는 단호했다. 시세대로만 한다면 임차인의 부지까지 매입할 계획이었지만 임차인이 끝까지 물러서지 않자 법대로 처리하기로 결정했다. 결국 임차인은 보상을 한 푼도 받지 못한 채 강제집행을 지켜봐야 했다.

이번 거래를 중개하면서 제소전 화해조서의 중요성을 다시 한 번 깨달았다. 임대료 미지급 시에는 즉시 나가야 한다는 조항을 일반적인 매매계약서에 넣었다면 이렇게 명도가 쉬웠을까? 불가능했을 것이다. 임차인이 보상을 계속 요구하면서 나가지 않으면 명도소송을 제기하고 판결을 기다려야 하지만, 그야말로 '어느 세월에…'가 될 수 있다.

임차인의 임대료가 밀리는 것이 걱정될 때, 향후 매각이나 신축 계획을 하고 있는데 원활하지 않은 명도가 우려될 때 미리 임차인과 제소전 화해조서를 작성해야 한다.

노현석 팀장
전문 분야 : 중소형 빌딩 매매·입지 분석을 통한 가치 상승 컨설팅

05

사옥을 마련한다면
임대수익까지 노려라

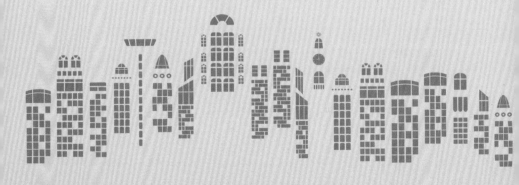

: 임차인의 고민 :

건물 임차인의 걱정은 크게 두 가지다. 임대료 인상과 (상권이 좋아지면) 나가야 한다는 우려다. 작은 점포든 사무실이든 사정은 마찬가지다.

광고회사를 운영하는 A 대표는 강남의 사무실을 임대료 월 1000만 원에 사용하고 있는데 들어오면서 인테리어 비용으로 3억 원을 들였다. 조금 부담스럽지만 일단 계약기간은 2년으로 했다. 입지 덕인지 사무실 이전 후 영업 실적이 호전됐다. 그런데 재계약 시점이 다가오자 건물주는 임대료를 5% 인상해달라고 요구했다. A 대표는 이번에 올려줘도 재계약 때마다 인상될 것 같아 마음이 불편하다.

일식집을 운영하는 B씨는 서울 신사동 이면도로 건물 1층에 점포를 얻었다. 대로변보다 상대적으로 저렴한 이면도로에 자리를 잡은 것이다. 음식 솜씨가 좋아 단골 손님이 늘어나고 맛집으로 소문나면서 장사도 잘 됐다. 주변에 다른 음식점들이 생겨나고 골목 맛집 상권이 형성되자 임대료가 점점 올라갔다. B씨는 임대료를 올리는 대신 임대차 기간을 1년 연장했다. 그런데 다음 해가 되자 건물주는 기간을 연장하지 않겠다는 것이 아닌가. 나중에 알고 보니 상권이 좋아지자 건물주가 특별한 직업이 없던 아들에게 레스토랑을 차려줄 생각으로 비워달라고 한 것이었다.

보통 전셋값이 천정부지로 치솟아서 집을 구하기 힘들거나 비워줘야 할 때 내 집 마련에 대한 요구가 강하다고 한다. 기업들이 사옥을 매입하는 이유도 내 집 마련과 비슷하다. 대신 한 가지가 더 추가된다. 건물 일부를 임대해 수익을 올리거나 눈에 띄는 자리에 들어가 홍보 효과를 거두려는 목적이다. 저금리 기조가 지속되자 사옥을 찾는 수요도 크게 늘고 있다. 지방에 본사를 둔 M사도 그런 경우다.

: 사옥으로 한 단계 업그레이드되다 :

치과용 기자재를 생산하는 M사는 내수뿐만 아니라 수출 물량도 많은 탄탄한 기업이다. 규모가 매년 커지는 상황에서 임직원들의 해외 출장 및 외국 바이어의 방문 편의를 위해 서울에도 사옥이 필요하다는 결론을 내리고 우리 팀에 자문을 의뢰했다.

강남에 시세 100억 원 규모의 건물을 찾고 있었는데 가시성과 접근성 때문에 강남을 선택한 것이다. 유동 인구가 많은 지역에 사옥 간판을 올리면 광고 효과가 크다. 또한 강남은 코엑스, 도심에서 출국절차를 밟을 수 있는 공항터미널과 가까워 해외 출장에도 편리하다.

우리 팀은 M사에 10여 개의 빌딩을 추천했고 분석 자료 검토 끝에 3개로 압축했다. 삼성동, 역삼동, 논현동에 있는 빌딩이었다. 현장 답사는 M사 대표와 주로 진행했다. 지방에 있는 회사여서 일주일에 1번 정도 답사가 가능했고 기간은 한 달 정도 걸렸다. 최종 논의 끝에 논현동 소재 빌딩을 매입하기로 결정했다. 당장의 대중교통 여건은 떨어지지만 지하철 2개 노선이 개통 예정이어서 미래 가치의 상승을 기대했다. 대로변이어서 가시성도 높아 보였고 공항터미널은 아주 가까웠다. 건물 상태도 양호해 인테리어와 시설 투자비용이 적게 들 것으로 예상됐으며 지하 주차장도 넓은 편이었다. 우리 팀이 수시로 현장을 답사하며 작성한 분석 자료에 M사 대표의 꼼꼼한 확인을 거쳐 최종 계약까지 마무리됐다. 연면적 990제곱미터300평의 빌딩을 98억 원에 매입했다. 당초 103억 원에 나온 물건을 협상 끝에 5억 원을 내린 결과였다.

매입한 지 3년이 지난 2015년 기준, 1층은 카페, 2~6층은 사옥으로 사용 중이다. 그 사이 지하철 9호선 연장 구간이 개통해 코엑스와 공항터미널 접근성이 더욱 좋아졌다. 임직원들의 해외 출장도 한결 편해졌으며 지하철이 개통되자 인근에 신축 및 리모델링 건물이 늘어나고 도로가 정비되면서 주변 분위기도 밝아졌다. 건물 외부에 회사 간판을 크게 걸어 기업 홍보에도 도움이 되고 있다.

임대수익을 목적으로 빌딩을 매입한 사례도 있다. 서울 마포에서 개인 사업을 하는 40대 C 대표는 2011년부터 우리 팀에 사옥용 건물 매입을 의뢰했다. 마포 사옥이 낡아 직원들의 불만이 심했기 때문이다. 처음에는 20억 원~30억 원대 건물을 찾고 있어서 그 금액에 맞춰 건물을 브리핑했지만 그때마다 고개를 가로저었다. 건물 규모가 작아 성에 차지 않았고 이미 눈높이는 50억 원~70억 원대에 맞춰져 있었다.

건물 매입을 검토한 지 5년 만에 드디어 기회가 찾아왔다. 사상 최저 저금리 시대에 들어서면서 은행에서 대출 규모를 늘릴 수 있다는 설명을 드리자 최대 50억 원까지 가격대를 높이고 빌딩 매입을 검토하기로 했다.

예산 규모를 높였지만 선호하던 강남에서 물건을 구하기는 쉽지 않았다. 하는 수 없이 강북 지역 위주로 물색하다가 강서 마곡지구 인근에 급매로 나온 건물을 찾게 되었다. 생각했던 지역은 아니었지만 대로변 신축 건물이어서 다음 날 함께 현장에 갔다.

마침 C 대표는 그 지역에 익숙해서 마곡지구의 변화에 크게 관심을 보였다. 거기다가 대로변 코너에 있으면서 자신이 선호하는 스타일인 것을 확인하고는 답사를 다녀온 지 1주일 만에 매입을 결정했다. 매입 금액은 최종 55억 원이었다. 당초 계획한 50억 원보다는 높지만 불과 1년 전에 70억 원이었던 점을 감안하면 좋은 조건이라고 판단했다. 대출규모는 매입 금액의 70%까지 적용됐다.

매입한 건물은 지하철역에서 도보 5분 거리였기 때문에 직원들의 출퇴근에도 편했다. 또한 지은 지 2년 정도여서 상태는 신축 수준을 유지했고 주차 대수도 15대로 적지 않았다. 매출규모에 비해 직원 수는 많지 않아 지상 6층 가운데 1개 층만 사용하고 나머

지 5개 층은 임대를 줘서 연간 5%의 수익률을 내고 있다. 월 임대료만으로 대출이자를 갚고도 남았다. 10년간 사업을 하면서 모은 자산 대부분에다 대출 70%를 받아 다소 위험하면서도 공격적인 투자였지만 새 건물에 입주해 오른 직원들의 만족도에 임대수익까지 두 마리 토끼를 잡았다. 우리 팀을 만나 5년 동안 틈만 나면 함께 답사하면서 건물 보는 안목이 높아진 결과이기도 하다.

:사옥을 매입할 때 컨설턴트가 필요한 이유:

기업들의 50억 원~300억 원대 중소형 빌딩 투자가 증가하는 결정적인 이유는 저금리 기조 여파 때문이다. 금리가 높을 때는 사내유보금을 저축성 금융상품에 넣어 이자 수익을 기대하는 것이 경영상 유리했다. 또한 자금이 급하게 필요하면 바로 찾을 수 있기 때문이다. 반면 부동산 투자는 많은 자금을 장기간 묻어야 한다는 인식이 컸다.

그런데 저금리 기조가 지속되면서 기업들의 빌딩 투자에 대한 생각도 바뀌었다. 임대 비용은 매년 올라가고 임대차 기간 만료가 다가오면 이사 걱정에다 인테리어 비용까지 신경 쓰이니 차라리 저금리 대출을 활용해 사옥을 매입하는 것이 유리하다고 생각하게 되었다. 업종별로는 병원, 엔터테인먼트 회사, 정보통신 기업들이 상대적으로 많다.

이제 기업도 빌딩을 매입할 때 투자 목적을 분명히 갖는 게 중요하다. 임대수익이 목적이라면 수익률을 높일 수 있는 기준에 초점을 둬야 한다. 반면 사옥용이 우선이라면 매출 규모, 직원 수 등을 감안해야 한다. 영업자가 많다면 주차 대수도 반드시 따져봐야 한다.

서울 중심지에 대지 330제곱미터100평, 연면적 1,000제곱미터 300평 규모의 빌딩을 매입하려면 100억 원대의 예산으로 계획해야 한다. 신용도가 높으면 낮은 금리로 많은 대출을 받을 수 있지만 사업이 어려워지면 부담이 가중될 수 있다는 점을 명심해야 한다.

무엇보다 기업의 빌딩 매입은 대부분 예산 규모가 크기 때문에 전문 컨설턴트의 도움을 받아야 나중에 낭패를 줄일 수 있다.

윤우용 팀장
전문 분야 : 사옥형 빌딩 매매·권리 분석 및 투자 자문

05

위반 부분에
대처하는 자세

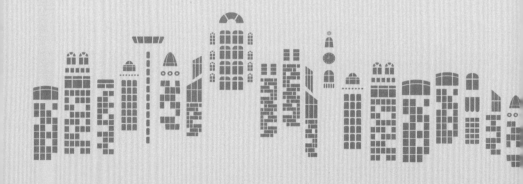

: 단점이 있어도 해결방안을 찾아라 :

빌딩 매입을 원하는 고객들은 대부분 위치가 좋고 주변 시세보다 저렴한 물건을 찾아달라고 부탁한다. 2011년 겨울, 처음 뵙게 된 김봉석 씨도 마찬가지였다. 1년 전 우리 팀을 통해 강남에 80억 원 규모의 빌딩을 매입했던 고객이 소개해준 어른이었다. 연세는 팔순에 가까웠지만 외모에서 풍기는 이미지는 그보다 20살은 젊어 보이는 멋쟁이셨다. 건물을 사고판 경험이 있었지만 이번에는 자녀들에게 증여할 목적으로 20억 원~50억 원 사이의 물건을 의뢰했다.

우선 데이터베이스WCD 시스템를 통해 검색된 5곳의 빌딩을 소개해 드렸더니 임대수익률이 낮다며 모두 만족하지 못하는 얼굴이었다. '여유 있는 외모와는 달리 빌딩 투자는 상당히 까다로운 분이구나'라는 생각이 들었다. 적당하다고 판단되는 물건을 발견할 때마다 꾸준히 연락을 드렸다.

어느덧 해가 바뀐 2012년 여름에도 평소처럼 자료를 설명해드렸는데 이번에는 관심을 보였다. 지하철 2호선 건대입구역 근처의 4층짜리 상가 건물이었다. 겉보기에는 괜찮았으나 내용적으로 주의가 필요한 상황 때문에 거래가 쉽지 않은 건물이었다.

겉으로 보기에는 유동 인구가 많은 역세권이어서 향후 가치가 올라갈 것으로 예상됐다. 이면도로에 있지만 20억 원 초반의 소형 건물은 건대입구역 상권에서 드물어 희소가치도 기대되었다. 다만 주변 시세에 비해 10% 정도 비쌌고 건물주가 지방에 거주하고 있어서 건물 관리가 제대로 되지 않아 수익률은 3%대로 낮은 편이었다. 임차인들은 빈번하게 임대료를 체납해 속빈 강정이나 마찬가지였다. 또한 위반 건축물로 등록되어 있어 연간 1000만 원 이상의 이행강제금을 납부해야 하는 상황은 투자의 걸림돌이었다. 썩 좋은 물건이라고 볼 수 없었다. 연세 드신 분이 상황을 충분히 알고 매입했다고 해도 주변에서는 수군덕거릴 여지가 있기도 했다. 하지만 우리 팀이 현장을 여러 차례 오가며 검토하고 분석한 결과, 투자해볼 만한 물건이라는 판단을 내렸다.

김봉석 씨와 가족까지 만나 뵙고 검토한 내용을 설명하면서 주변 시세보다 비싼 점, 수익률이 낮고 연간 1000만 원 이상의 이행강제금이 부과되는 점에 대해서는 사례를 들어가며 충분한 이해를 구했다.

우선 연간 3%대의 임대수익률을 높일 방안으로 임차인을 다시 구성하자고 제안했다. 그렇다고 무조건 지금의 임차인을 내보내고 임대료를 높여 새로운 임차인을 받겠다는 것이 아니다.

주변 시세보다 10% 정도 비싸도 단점을 개선한 후의 예상 수익을 검토했을 때 수익이 난다면 입지 여건이 좋다는 의미다. 좋은 자리인데도 건물주가 관리를 제대로 하지 못해 임대료를 인상할 수 없었다고 볼 수 있다. 그래서 임대수익률이 낮았고 우량 임차인을 구하기 힘들었던 것이다.

대대적인 리모델링 공사를 하지 않아도 도색공사, 미장공사 등 최소한의 비용으로 높은 효과를 거둘 수 있는 방안을 매수자에게 설명했다. 공사해서 임대료를 인상하고 우량 임차인을 새롭게 영입하면 임대수익률을 5.6% 수준까지 올릴 수 있다는 계산이 나왔다. 임대수익률이 5% 수준으로 올라가면 재매각도 쉬운 편이다. 특히 20억 원~30억 원의 소형 건물은 임대수익률만 받쳐줘도 시세차익을 기대할 수 있는 장점이 있다.

: 위반 요소를 해결하라 :

임대수익률 개선방안은 일단 계획만으로도 처방을 내릴 수 있지만 '위반 부분'은 해당 지자체와 연결이 되어 있어서 빌딩 중개 컨설턴트가 해결하기 힘들다. 그런데 빌딩 중개업무를 진행하다

보면 의외로 건축물의 위반 부분을 자주 목격하게 된다.

위반 건축물의 유형을 보면 지자체의 허가를 받지 않고 옥상에 방을 만들거나 주차장 자리를 상가로 사용하는 것이 대표적이다. 근린생활시설상가로 허가를 받아놓고는 원룸을 들이거나 준공검사 이후에 당초 설계한 원룸 수보다 늘린 경우도 있다. 결국 건축법이나 주차장법을 위반한 것이다. 지자체의 지적대로 원상 복구할 경우 건물의 활용도가 떨어지거나 임대수익률을 기대할 수 없다는 판단을 내린 일부 건물주들은 차라리 이행강제금 납부를 선택하기도 한다.

매입을 추천했던 건대입구역 근처의 건물도 이용자의 안전에는 문제가 없었지만 위반 부분이 있어 임차인에게 새로 영업 허가권이 나오지 않고 있었다(참고로 위반 부분의 임차공간에 대해서는 새로운 영업 허가권이 나오지 않는 반면 임차공간이 아닌 공용 부분이나 다른 층이 위반이면 영업 허가권이 나온다). 그래서 임차인들에게 계약 만기 때 영업 허가권을 새로 들어오는 임차인에게 양도한다는 내용의 계약을 포함시키는 것으로 해결했다. 이행강제금도 현재 건물주가 아닌 임차인들이 납부하고 있었기 때문에 건물주가 새로 바뀐다고 해도 여전히 임차인들의 몫인 점을 매수자에게 인지시켰다. 매수자는 충분히 이해했다며 계약서에 도장을 찍었다.

사실 건축물에 대한 사용 승인 후에 용도를 변경하거나 대수선,

증·개축을 하려면 건축법에서 정한 절차를 거쳐야 한다. 건축법에 정해진 절차를 거치지 않고 무단으로 진행하면 위반 건축물로 분류된다. 위반 건축물은 해당 지자체에서 정기적으로 실사 및 항공 촬영 등으로 관리한다. 일반인들의 민원 신고에 의해서도 적발되어 건축물대장에 표기가 된다.

위반 건축물로 표기가 되면 건축법에 의해 상당한 시간의 시정명령을 받게 되는데 시정명령 기간 동안 위반 부분에 대한 시정이 없으면 최초의 시정명령이 있었던 날을 기준으로 1년에 2회 이내로 이행강제금을 부과받는다(각 조건별로 부과 횟수, 부과 기준

등이 다르기 때문에 자세한 사항은 건축법 및 시행령을 통해 확인할 수 있다).

빌딩 중개를 컨설팅하다 보면 다양한 상황과 조건에 부딪히게 된다. 항상 투자자의 입에 맞는 물건을 찾기란 쉽지 않다. 화려하게 보여도 높은 임대수익률과 시세차익까지 기대된다고 속단할 수 없다. 반대로 흠집 있고 결함이 다소 보여도 문제가 해결된다면 백조로 변신할 수 있기에 빌딩 중개 전문 컨설턴트의 도움을 받기를 권장한다.

김현섭 팀장
전문 분야 : 주요 상권 중소형 빌딩 매매·상권 및 수익 분석을 통한 매입 컨설팅

4장

전문가가 답이다

01

백 번 듣는 것보다
한 번 가보는 것이 좋다

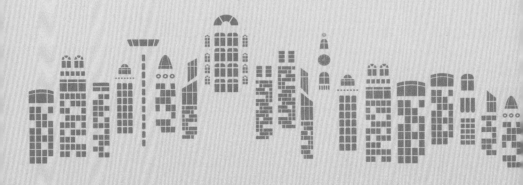

: 임대업, 결코 쉽지 않다 :

〈PD 수첩〉은 방송 1,000회를 기념해 대한민국 20세 이상 국민 1,000명을 대상으로 돈에 대한 여론 조사의 결과를 방송했다. 여론 조사에서는 돈이 본인의 행복에 반 이상 영향을 준다는 사람이 88.4%에 달했으며 돈 때문에 죽고 싶다고 생각한 사람은 16.3%, 20억 원 이상의 돈이 생긴다면 불법적인 일도 할 수 있다고 대답한 사람은 21.1%에 이른다는 다소 충격적인 결과가 소개됐다.

방송에 따르면 2005년 간호조무사의 월급 125만 원이 2014년에는 133만 3,000원으로 6.6% 상승하는데 그쳤지만 그들이 일하고 있는 건물의 3.3제곱미터1평 매매가는 2000만 원에서 2억 원으로 10년간 900%나 올랐다고 보도했다. 장래희망이 '임대업'이라는 한 초등학생의 사례까지 나오기도 했다.

그 초등학생이 어떤 연유로 임대업을 장래희망으로 꼽았는지 잘 모르겠지만 건물주가 돈을 쉽게 번다고 생각하면 큰 오산이다. 건물 매입의 투자 위험은 항상 도사리고 있으며 건물 관리에 건물주가 노력을 기울이지 않으면 원하는 만큼의 임대수익을 기대

할 수 없기 때문이다. 지금은 건물주가 어떻게 건물을 관리하느냐
에 따라 건물 가치가 달라지는 시대다.

: 검토는 신중하되 결정은 빠르게 :

대기업 부동산 관리팀에서 일하는 40대 중반의 이승찬 씨는 친
구들에 비해 부동산 투자에 일찍 눈을 떠서 지방의 상가주택 건
물로 임대수익을 얻고 있었다. 그 경험을 살려 서울에서도 임대수
익사업을 하기로 결심하고 임대수익용으로 적합한 빌딩 물건을
의뢰했다.

처음에는 강남 3구 위주로 물색하다가 강남역 근처 먹자상권
코너의 건물을 찾았지만 매입 결정을 미루다가 다른 사람에게 뺏
겨 닭 쫓던 개 신세를 경험하기도 했다. 매물 현장을 보고 나면 초
보 투자자들 사이에서 공통적으로 발견되는 '나밖에 이 건물을 살
사람이 없다'라는 자만심 때문이었다.

부동산에 대한 이승찬 씨의 이론은 일반인보다 풍부하지만 현
장 경험은 다르다. 본인의 판단을 믿고 비교적 빠른 결정을 하는
편인데도 결정을 미루다 서울에서의 첫 투자는 쓰라린 실패로 돌
아갔다.

　정말 괜찮은 물건은 누가 봐도 괜찮게 보인다. 검토는 정확하고 신중하게 해야겠지만 결정은 빨라야 하는 게 빌딩 매매의 속성이다. 빌딩 중개를 하는 입장에서는 고객들에게 빠른 판단을 부탁드린다. 결정이 늦어지면 바로 코앞에서 다른 매수자에게 물건을 뺏길 수 있기 때문이다.

　강남역의 물건을 놓친 후 대학가 주변과 서초동 대로변의 물건을 여러 차례 검토했지만 쉽게 결정을 내리지 못했다. 강남역 물건에 남아있는 일말의 미련 때문인 듯 했다.

　몇 개월이 지나고 강남역 물건의 미련이 사라졌다고 판단됐을 때 유명 여대 정문 앞 메인 상권에 나온 건물을 소개했다. 이승찬 씨는 이번에 좋다고 생각했는지 우리 팀에 답사를 요청해서 같이 현장을 방문해 꼼꼼히 확인했다. 해당 건물에 있는 음식점, 카페 등 임차인들의 매장 상태 및 매출 상황에 대해 짚고 넘어갔다. 직접 발품을 팔면서 시간대별, 요일별로 임차업종의 상황을 눈으로 확인했다. 그렇게 해서 건물을 소개한 지 일주일 만에 매입을 결정했다. 이번에는 판단을 빨리 내렸다. 우리 팀의 발품 노력과 촘촘한 분석 자료가 빠른 결정을 내리게 된 배경이 되었다. 발품을 직접 팔아 현장에서 느끼고 경험하는 것이 가장 빠르고 정확한 부동산 투자 방법이라는 사실을 투자자에게 알려준 사례로도 꼽을 만했다.

건물을 매입할 당시, 매장 하나가 임대료를 미납하고 있었다. 그리고 지은 지 오래 돼서 손볼 곳도 적지 않았다. 천장에는 물이 샜고 옥상에서는 침수 부위도 발견됐다. 계단에 패인 부분도 적지 않았다. 매매 계약을 체결한 뒤, 잔금을 치루기 전까지 손볼 것들을 우리 팀의 자산 관리 매뉴얼대로 대부분 수리했다.

임차인 관리도 우리 팀 주도로 진행했다. 임차인들의 매출이 올라야 건물주도 임대수익을 올리기에 유리하므로 임차인의 불편 사항을 최대한 개선해줬다. 그렇게 건물을 관리하자 거의 같은 조건의 주변 건물보다 임대료가 높아도 임차인들은 불만을 갖지 않았다. 하지만 이렇게 최대한 편의를 맞춘다고 해도 임차인 본연의 의무를 하지 않으면 냉정해야 한다. 건물주가 오랫동안 임대차 관계를 맺은 임차인에게 정情에 이끌려 임대료를 올리지 못하는 경우가 허다하다. 그러면 적정 임대료보다 현저히 낮은 임대료를 받을 가능성이 높다. 건물주라면 공公과 사私를 명확히 구분해야 한다고 강조했다.

이승찬 씨는 매입한 건물의 임차인에게 최대한 편의를 제공하면서 적정 임대료를 받는 방식을 적용했다. 노후화된 부분은 수리하면서 임대료를 적정한 수준으로 올리고 임대료가 밀린 임차인은 내보냈다. 조건이 맞지 않으면 차라리 공실空室로 두기로 결정한 다음, 여대 앞에서 선호하는 카페, 미용실, 의류매장을 운영하고 적정한 임대료를 내겠다는 임차인을 기다렸다. 원하는 임차인과 임대료를 맞추기까지 1년이 조금 더 걸렸다. 단기적으로는 손해를 감수해야 했지만 임대료는 매입 당시와 비교해 30% 이상 상승하는 효과를 가져왔다. 임대수익률 5%에 맞춰 건물 가치를 판단하는 수익환원법을 적용하면 매입 금액 대비 20% 이상 시세차익이 기대되었다.

: 건물 관리가 곧 건물 가치다 :

유명 여대 앞 상권이라는 좋은 입지의 건물을 선택해서 큰 이익을 봤지만 우리 팀의 조언에 따른 건물 임차인의 관리 능력이 돋보여 더욱 성공적인 투자 사례가 되었다. 지방의 상가주택, 서울의 건물 투자까지 연이어 성공하자 추가로 빌딩 매입을 추진하고 있다. 건물 가치는 관리 능력에 따라 얼마든지 달라질 수 있다는 것을 보여준 이번 사례를 통해 배울 점을 정리해본다.

첫째, 빠른 검토와 판단이다. 내가 봐도 좋다고 느끼는 건물은 다른 사람들도 좋다고 느낀다. 검토는 신중해야 하지만 투자는 빠르게 판단하고 결정해야 한다. 판단과 결정의 검증은 빌딩 중개 컨설턴트와 꾸준히 상의하는 것도 효과적이다.

둘째, 직접 가보고 확인하라. 아무리 인터넷 지도 검색이 뛰어나다고 해도 발품은 꼭 팔아야 한다. 백 번 듣는 것이 한 번 보는 것보다 못하다는 '백문이불여일견百聞而不如一見'이라는 말도 있듯이 직접 가서 보는 것이 확실한 부동산 투자 방법이다. 시간대별, 요일별로 유동 인구 및 임차인의 영업 상황을 직접 확인하면 금상첨화錦上添花다.

셋째, 공과 사는 구분하자. 임차인이 영업하는데 최대한 편의를 제공해야 하지만 임차인이 본연의 의무를 다 하지 않으면 냉정하게 판단해야 한다.

넷째, 건물에 어울리는 임차인을 유치하라. 건물에 맞지 않는 임차인이라면 차라리 공실을 선택하는 것도 하나의 방법이다. 건물 가치를 높일 수 있거나 주변 입지에서 선호되는 임차업종을 유치하는 것이 투자 포인트다. 상가임대보호법 개정으로 5년의 임차 기간을 보장해야 하는 점을 감안하며 더욱 신중히 판단해야 한다.

마지막으로 건물 및 임차인 관리를 건물주 스스로 하는 것보다 자산 관리 전문회사에 맡기는 게 효과적이다. 예를 들어, 임대료 인상도 전문회사는 업무적으로 처리한다. 공과 사를 구분하는 게 말로는 쉽지만 현실에서는 간단치 않은 문제다. 자산 관리 전문회사는 임대수익률을 맞추기 위한 책임감 때문에 공과 사는 확실히 구분하고 좀 더 적극적으로 나설 수 있다. 단기적으로는 건물주가 스스로 관리하는 것이 유리해보이지만 장기적으로는 전문회사에 맡기는 게 이익이다.

오승민 팀장
전문 분야 : 주요 상권 빌딩 구성 및 수익률 분석·사옥 및 신축 부지 투자 컨설팅

02

답사는
빌딩 투자의 첫걸음

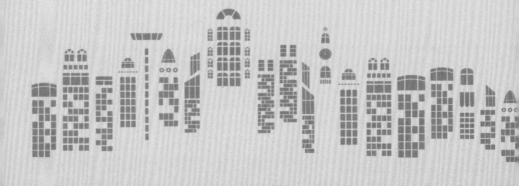

: 관리가 힘들어 매각하다 :

'고기도 먹어 본 사람이 많이 먹는다'는 말처럼 빌딩에 다시 투자하는 고객을 자주 만난다. 그런 고객은 물건을 브리핑하면 이해도 빠를 뿐만 아니라 이전의 경험을 거울삼아 건물을 더 효율적으로 관리하면서도 임대수익률을 높이는 재투자에 초점을 맞추는 공통점이 있다. 투자 경험이 있기 때문에 우리 같은 빌딩 중개 컨설턴트의 조언을 수용하는 데도 적극적이다. 남우민 씨도 그런 경우다.

그는 송파구 대단지 아파트 앞에 대지 390제곱미터약 120평에 연면적 985제곱미터약 300평의 지하 1층, 지상 5층 건물을 소유하고 있었다. 준공된 지 25년이 지나서 여름만 되면 건물 곳곳에 물이 새는 바람에 임차인들의 불만 전화가 끊이지 않을 정도였다. 해가 갈수록 건물에 손볼 곳이 늘어나자 비용 부담이 점점 높아졌다. 유동 인구도 많지 않은 지역이라 임차인들의 매출도 신통치 않았다. 임대료는 자주 밀렸고 계약 만료가 되면 임대료를 올리기는커녕 내려 달라는 임차인들의 요구에 끌려 다닐 상황까지 몰렸다.

임대수익률은 점점 떨어지는 데 공시지가는 높게 매겨져서 세금 부담도 컸다.

들어가는 비용을 줄이기 위해 직접 건물을 관리했지만 65세가 넘자 육체적인 한계에 부딪히고 계속되는 임차인들의 요구사항을 듣다 보면 스트레스 지수가 내려가지를 않았다. 하는 수 없이 좀 더 편안한 노후를 보내기 위해 건물을 내놓았다. 그런데 번화가에서 떨어져 있다 보니 매수자가 빨리 나타나지 않아 스트레스는 더 쌓여만 갔다. 인근 부동산 중개업소에 의뢰한 지 2년이 조금 넘어서야 매수자를 만나게 되었다. 매매가는 33억 원이었지만 임차인들에게 보증금을 돌려주고 대출금도 갚고 나니 15억 원 정도가 손에 남았다.

: 임차인을 바꿔 모든 걱정을 해결하다 :

앓던 이를 빼낸 것처럼 매각했는데 얼마 지나지 않아 또 다른 고민이 생겼다. 이자 금리가 너무 떨어져서 건물을 팔고 남은 15억 원을 은행에 넣어도 큰 도움이 되지 않았다. 물가 상승을 감안하면 사실상 마이너스에 가깝기 때문이다. 당초 기대했던 편안한 노후와도 거리가 멀었다. 그렇다고 건물에 다시 투자하려니 건물 관리 걱정부터 앞섰다. 관리인을 두면 임대수익률이 낮아질 것이고 스스로 관리하자니 힘에 부칠 게 뻔했다. 무엇보다 임차인들과 부딪혀야 한다고 생각하니 가슴이 답답해졌다. 건물을 다시 매입하더라도 관리는 정말 피하고 싶었다는 남우민 씨는 지인의 소개로 우리 회사를 찾아 왔다.

투자할 금액과 투자 목적이 분명했기 때문에 매입 과정의 절반은 이미 넘기거나 마찬가지라 생각하고 물건을 찾아 나섰다. 당연히 주택보다 상가 건물이 관리가 편하다. 임차인 수가 적으니 다른 건물보다 요구사항이 많지 않다. 무엇보다 건물이 깨끗해야 손님이 많이 온다는 것을 임차인도 알고 있어서 임차인이 스스로 관리에 신경을 쓴다. 상가 건물 중심으로 검토했는데 투자 금액이 상대적으로 적어 대로변에서 찾기 쉽지 않았다. 그래서 서울에서 외진 구역이고 이면도로 주변의 건물을 보다가 적당한 물건이 눈에 들어왔다.

삼청동 길 중심 코너에 있는 건물로 한눈에 봐도 지은 지 오래되어 낡아 보였다. 그런데도 대지 35제곱미터_{약 10평}에 지상 3층인 건물의 매도 가격이 13억 원이었다. 3.3제곱미터_{1평}당 가격이 1억 2000만 원에 달하는 것이다. 대지가 165제곱미터_{약 50평} 이하 건물은 땅값보다 임대수익 기준으로 가격이 산정되기 때문에 삼청동 길에서 강남 못지않은 수준의 가격이 매겨져 있었다.

매수자는 비싸도 너무 비싸다는 생각에 고민이 컸다. 1층에는 유명 프랜차이즈 편의점이 영업하고 있었는데 임대료는 보증금 1억 원에 월 500만 원으로 주변 시세보다 크게 낮았다. 권리금이 형성되어 있어서 임대료 수준이 낮았던 것이다. 임대수익률이 높지도 않으면서 가격은 높은 건물을 사야 하는지 우리에게 의견을 물었다.

우리 팀은 매입하라고 강력히 권했다. 계약 만기가 다가오니 임차업종을 바꾸면 임대수익도 높아지고 건물 관리는 크게 신경 쓰지 않아도 될 것 같다는 판단이 들었기 때문이다. 건물 관리 경험이 있어서 우리 팀의 의견을 바로 이해했다. 계약할 테니 임차인 교체를 부탁했다.

'병은 알려야 낫는다'라는 말처럼 매매 계약을 체결하고 주변 부동산 중개업소 등에 임차인 교체 계획을 알렸더니 의외의 반응이 나왔다. 발 없는 말이 천리를 간다고 편의점 본사에서 마침 매장 수를 축소하고 있어 권리금을 줄여서라도 점포를 빼겠다고 알려왔다. 게다가 계약 만기 전까지 더 좋은 조건으로 임차인을 구하겠다는 의사까지 밝혔다.

실제로 얼마 지나지 않아 유명 프랜차이즈 빵집을 운영하겠다는 임차인이 나타났다. 보증금은 1억 원으로 이전과 같았지만 월세는 550만 원으로 50만 원이나 올랐다. 대신 임차인은 계약 기간을 통상 2년이 아닌 5년으로 요청해왔다. 계약 기간을 늘려주면 임차인이 1억 5000만 원을 들여 매장 외부 및 인테리어 공사를 하겠다고 했다. 당연히 거절할 이유가 없었다. 건물주 입장에서는 두 마리 토끼를 잡은 것이었다. 이전보다 임대수익이 올랐고 임차인 스스로 리모델링 공사에 나서 앞으로 건물 가치 상승도 기대할 수 있었기 때문이다. 무엇보다 임차인이 건물을 자체 관리하기로 약속했고 임대료는 본사 경리 직원이 처리해주기로 했다. 임차인과 언쟁을 벌일 필요도 없으니 홀가분했다.

남우민 씨는 건물을 관리하지 않으면서도 매달 임대료를 꼬박꼬박 받는 이른바 '연금형 빌딩'의 소유주가 됐다. 당초 투자 목적대로 이뤄진 것이다.

: 입지 여건이 중요하다 :

운이 연속으로 따라주기도 했던 투자 사례였지만 성공 포인트를 다시 한 번 볼 필요가 있다. 바로 대지 면적은 작았지만 입지 여건을 보고 투자를 결정한 점이다.

부동산 투자에서 입지의 중요성은 아무리 강조해도 지나치지 않는다. 현재 임대수익이 많이 나오는 곳과 입지 좋은 곳을 선택하라면 입지 여건을 투자의 잣대로 삼는 게 바람직하다. 위치가 열세인 곳은 나중에 임차인이나 임차업종을 채우는 데 불리하다. 이번 사례처럼 비싸도 입지가 좋으면 임차인 교체가 비교적 수월하다.

좋은 입지는 어떻게 판단하나? 바로 '답사'가 정답이다. 빌딩 투자에 성공하려면 제일 먼저 답사부터 해야 한다. 답사는 빌딩 투자의 첫걸음이다. 투자 대상으로 꼽고 있는 지역의 건물에는 어떤 업종이 있고 상권은 어떻게 변하고 있는지 직접 걸으면서 눈으로 보고 느껴야 한다. 상권은 평일과 주말이 다르며 아침과 저녁도

전혀 다르다. 한 번 가서 보지 못했던 상권이 세 번, 네 번 찾아갔을 때 눈에 띄는 경우도 허다하다. 답사를 하지 않으면 상상도 못했던 일들이 눈앞에 펼쳐진다. 답사를 해야 투자하려는 빌딩의 미래를 머릿속에 그릴 수 있다.

김윤수 팀장
전문 분야 : 신축 및 리모델링 또는 재임대를 이용한 빌딩 투자·연예인의 빌딩 매매 컨설팅

03
사무실을 구하려는
기업들에게 알립니다

:3개월 안에 사무실을 구하라:

외국계 제조회사의 총무부장이 이전할 사무실을 찾고 있다며 방문을 요청했다. 약속한 시간에 맞춰 선릉역 A 빌딩 10층에 딱 내린 순간, 외국계 회사의 밝고 활기찬 이미지만을 생각했던 나는 순간적으로 놀랐다. 사무실 천장의 조명은 군데군데 꺼져 있었으며 정리가 되지 않거나 먼지가 쌓여 있는 책상이 곳곳에 보였기 때문이다. 그 순간 직감했다. '아, 이 회사 경영상황이 어렵구나.'

예감은 틀리지 않았다. 총무부장은 얼굴에 힘이 없었고 목소리도 생기 없이 건조했다. 그래서 우리 회사 소개와 함께 덕담으로 분위기를 자연스럽게 만들려고 노력했다. 이내 총무부장은 용건을 설명했다. 경기가 어려워지면서 직원 30%가 퇴직이나 이직이 결정되어 현재 사무실에 공간이 많이 생기자 미국 본사에서 비용 절감을 위해 적절한 규모의 사무실로 이전하라는 통보가 왔다는 것이다. 현재의 임대료 상황이 궁금했다. 총무부장이 노트북을 열고 빔프로젝트를 켰다.

임차한 1개 층의 전체 면적은 1,174제곱미터356평, 전용면적은

669제곱미터203평였다. 3.3제곱미터1평당 보증금 770,000원, 임대료 77,000원, 관리비 26,000원으로 계약되어 있었다. 전체로 계산하면 보증금 2억 7412만 원, 임대료 2741만 2,000원, 관리비 925만 6,000원이었고 매월 임대료와 관리비로 3666만 8,000원을 납부하고 있었다.

미국 본사의 통보에 따라 비용 절감 차원에서 사무실 공간을 전용면적 231~330제곱미터70~100평 정도로 축소하고 임대료와 관리비를 합쳐 월 3000만 원 이하인 곳을 찾아야 했다. 그리고 비가격 조건으로 글로벌 기업 이미지를 감안해 테헤란로 대로변에 있으면서 현재의 A 빌딩과 같은 프라임급의 빌딩 사무실을 원했다. 계약 만기가 12월이었기 때문에 남은 시간은 3개월 남짓이었다.

: 고객의 머릿속을 파악하라 :

첫 미팅을 끝내고 회사로 돌아오면서 머리가 복잡해졌다. 미팅하면서 강남 일대 건물 시세 및 공실률에 대한 간단한 설명에도 제대로 이해하지 못하는 것 같아 총무부장이 부동산 임대차 시장에 문외한처럼 보였기 때문이다.

사실 기업의 사무실 임차 담당업무는 총무부나 경영지원팀 등에서 맡고 있는데 담당자들은 대부분 회계, 법무, 재무 등만 잘 알고 있을 뿐이며 부동산에 대한 이해는 부족하다. 특히 이번 외국계 제조회사는 엔지니어나 프로그래머 성향이 강한 분위기여서 더욱 부동산 실무와 거리가 멀어 보였다. 그래서 전문 부동산 중개회사를 활용해 정보를 수집하고 계약까지 대행하는 서비스를 원하는데 낮은 금액으로 프라임급 빌딩을 찾고 있어서 고민이 많았다. 그렇다고 물러설 수도 없는 일이었다.

회사로 돌아와 자리에 앉자마자 평소 절차대로 업무를 진행했다. 테헤란로 대로변에 있는 프라임급 빌딩의 사무실을 조사해서 그중 전용면적 330제곱미터 안팎의 물건 10여 개를 총무부장에게 전달했다.

빌딩 중개를 하면서 고객의 눈에 띄는 물건이 없다는 통보보다 더 힘든 게 무반응일 때다. 아무런 피드백이 없어서 이틀 뒤에 또 다른 10여 개의 물건 자료를 보냈는데 역시 처음과 마찬가지로 별다른 반응이 없었다.

이건 아니다 싶어 미팅을 요청하고 약속 날짜에 사무실로 찾아갔다. 자료로 보낸 물건들을 좀 더 구체적으로 설명했지만 엇박자가 나는 느낌이었다. 우리 팀의 설명에는 시큰둥하게 반응하고 자꾸 다른 빌딩의 상황을 묻는 총무부장을 보고서는 이내 그 이유를 알게 되었다. 테헤란로 대로변만 봐도 총무부장의 눈에는 프라

임급의 빌딩이 수십 개가 넘는데 우리 팀은 단 한 곳도 추천하지 못하고 있었다. 그래서 그동안 우리 팀이 보낸 자료에 반응하지 않은 것이라는 생각이 들었다. 경비 절감에만 초점을 맞춰 프라임 급보다 한 단계 낮은 물건의 자료만 보낸 게 화근이었다. 총무부장에게 며칠만 시간을 더 달라고 했다.

:사무실 이전도 결코 만만한 일이 아니다:

물건 분석 자료를 다시 작성하기 시작했다. 테헤란로 대로변의 프라임급 빌딩으로 대상을 한정하고 그 빌딩들의 기본적인 개요에서부터 임대료 수준, 공실 현황, 입주업체 명단 등 구체적인 자료를 챙겼다. 답사 일정표까지 만든 뒤 총무부장에게 함께 답사에 나서자고 요청했다. 반드시 오전 시간대를 비워달라는 부탁도 잊지 않았다. 강남지역에서 오후 시간대에 답사를 하면 차량 지체 및 정체 때문에 비효율적이기 때문이다. 건물 5개를 답사한다고 했을 때, 오전 10시~12시에는 1시간에 끝날 일을 오후에는 2시간이 걸리거나 아예 다 답사하지 못할 확률이 높다.

총무부장은 약속시간에 맞춰 우리 팀의 차를 타고 강남역에서 시작해 삼성역 주변까지 이르는 테헤란로를 오갔다. 차 안에서 눈에 보이는 프라임급 빌딩의 임대상황을 설명했다. 프라임급 건물에 입주한 회사들을 설명하자 총무부장은 동종업계 회사들에 흥미와 관심을 보이기도 했다. "경쟁회사가 저 건물에 있구나", "내가 처음 입사했던 회사가 벌써 저렇게 성장해서 저기 좋은 빌딩에 들어갔구나", "경쟁업체가 국내에 들어온 지 얼마 되지도 않았는데 저 빌딩에 들어가 있다니…" 등을 혼잣말처럼 하는 총무부장을 보면서 마치 테헤란로를 처음 지나는 사람한테 빌딩에 대한 관심 유발을 충분하게 해준 것 같은 현장 답사였다.

현장 답사를 마치자 총무부장은 차에서 내리면서 "주신 이 자료는 검토해보고 바로 연락하겠습니다"라고 말했다. 분위기 반전이 기대되었다. 우리 팀도 마음속으로 '이제야 임차에 대한 교감을 이뤘구나'라고 생각했다. 아니나 다를까, 바로 다음 날 총무부장은 우리 팀이 추천한 프라임급 빌딩 가운데 딱 8개만 추려서 내부를 보고 싶다고 연락해왔다. 분명 총무부장의 단독 결정은 아니고 내부적으로 회의를 거친 것이 분명하니 계약 직전 단계로 접어들었다고 판단했다. 좀 더 세세하게 자료를 준비했고 약속한 날 오후 내내 빌딩 투어에 함께 나섰다. 8개 빌딩 가운데 관리 수준이나 임대료 조건이 나은 상위 3개 빌딩을 놓고 구체적인 임대 조건, 임대료, 건물 관리회사에서 제시할 수 있는 기타 서비스에 대한 조율 등을 거쳐 삼성역 근처의 B 빌딩으로 계약했다.

기업의 사무실 임차 과정은 대부분 '담당자와의 미팅 → (여러 개의) 건물 답사 → 임원진 보고 → 재답사 → 결정권자 투어' 등을 거친다. 이번의 경우에는 실무담당인 총무부장이 임차시장의 상황을 이해한 뒤에 계약까지 일사천리로 마무리된 것이 좀 다르다. 물론 최종 결정권자가 계약 직전에 B 빌딩을 답사했지만 다른 경우처럼 검토 대상 건물을 일일이 보지 않았다. 실무자와 현장을 같이 돌며 충분한 교감을 나눴기 때문에 가능했던 일이다.

이번 계약으로 이전까지 내던 3666만 8,000원의 임대료와 관리비를 50% 정도 줄일 수 있었다. 사무실 면적은 줄었지만 빌딩의 급은 같았다.

좀 더 저렴하게 프라임급 빌딩으로 이전이 가능할 수 있었던 중요 포인트는 우리 회사에 구축된 오피스 빌딩 정보 데이터베이스, 즉 WCD 시스템 덕분이다. 사무실 이전은 보통 이전 계획 수립부터 임대차 계약, 인테리어, 입주까지 세부적으로 엄청난 시간과 비용이 투입된다. 이러한 일을 임차업무가 주主가 아닌 일반 기업체 담당자가 처음부터 끝까지 진행하려면 정말 피곤하고 위험하다. 이때 가장 큰 역량을 발휘하는 것이 사무실 임대 정보 수집과 이전 업무를 대신해줄 전문 컨설턴트이다.

정희만 팀장
전문 분야 : 중대형 빌딩 임대·기업 이전 임차 컨설팅

04

관리는
전문가에게 맡겨라

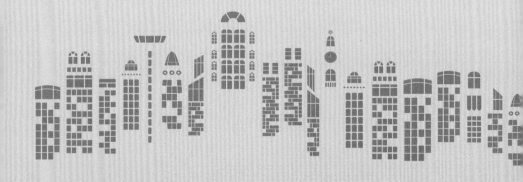

: 반드시 알아야 하는 부동산 용어 :

AM, PM, FM. 꽤나 익숙해서 누구나 얘기하면 금방 알 수 있는 약어略語들이다. 둘씩 짝을 지어보면 대비 효과 때문에 더 빨리 이해된다.

오전의 'AMAnte Meridiem'과 오후의 'PMPost Meridiem'은 잘 알고 있다. 또한 라디오 주파수 대역을 비교하는 'AMAmplitude Modulation, 진폭 변조'과 'FMFrequency Modulation, 주파수 변조'이라는 용어도 익숙하다. 그런데 부동산 자산 관리 용어로 쓰이는 AM, PM, FM은 전혀 다른 의미를 갖고 있다. 공통적으로 들어가는 'M'은 '관리Management'를 의미한다. 그래서 모두 부동산 관리를 의미하지만 분야는 조금씩 다르다.

'AMAsset Management, 종합 자산 관리'은 전략적인 개념이 강하다. 부동산의 매입·매각 및 자금 조달, 자산 평가, 투자 분석, 포트폴리오 관리 및 분석 등 개별 부동산에만 한정하지 않는 종합적 측면의 관리 기법이다. 그리고 'PMProperty Management, 부동산 자산 관리'과 'FMFacility Management, 시설 관리'은 계획보다 실행기법에, 전반적인 자산 경영보다는 개별 부동산의 경영에 초점을 두고 있다.

시설 관리인 FM은 냉난방, 전기, 위생, 방재, 엘리베이터 등 시설의 점검 및 수리, 건물 내·외부 청소, 폐기물 처리, 소독, 방역, 상하수도 관리, 경비 업무 등이 포함된다.

부동산 자산 관리인 PM은 시설 관리에 더해 적정 임대가 설정, 임대 유치 및 마케팅, 임대차 계약 대행, 미수금 수납 및 최소 공실 유지, 임차인 전출입에 따른 열쇠 관리, 빌트인 가전·가구의 관리 등 개별 건물의 수입과 지출을 경영하는 좀 더 포괄적인 개념이라 할 수 있다. 원빌딩도 건물 중개뿐만 아니라 부동산 자산 관리PM 업무도 하고 있다.

고객을 대신해 자산 관리 업무를 대행하는 이유는 크게 두 가지다. 우선 귀찮고 번거로운 일을 피하려는 건물주가 늘어나고 있다. 부동산 관리 경험이 거의 없거나 적은데 직접 관리하려고 하다가 임차인을 대할 때 당황하거나 예상 임대수익률을 올리지 못해 고민하는 건물주가 의외로 많다. 자신이 관리하면 비용을 줄일 수 있으니 수익률이 높아질 것을 기대했다가 오히려 공실 발생으로 수익률이 떨어지는 사례가 비일비재하자 부동산 자산 관리 회사를 찾는 건물주가 늘고 있는 추세다.

또한 시설 관리의 중요성이 커졌기 때문이다. 건물도 쓸고 닦으면 가치가 상승하기 마련이어서 관리가 점점 건물 가치의 비중을

차지하고 있다. 부동산 관리는 임대 관리, 재무 관리, 시설 관리로 나눠져 있지만 보통 한 회사가 전부 대행하는 것이 일반적이다. 건물주와 관리대행회사가 활발하게 소통하면 다음의 사례처럼 두 사람의 발을 하나씩 함께 묶고 뛰어도 넘어지지 않는 이인삼각二人三脚 효과를 기대할 수 있다.

: 공사에도 원칙이 있어야 한다 :

건물주는 2010년 응봉동 한 대단지 아파트 맞은편에 대지 396 제곱미터120평, 지하 2층에 지상 3층, 연면적 924제곱미터280평 규모의 상가 건물을 28억 원에 매입했다. 전형적인 항아리 상권의 상가 건물이었다. 아파트촌 및 일반 주택가의 주거지로 둘러싸여 있고 인근에 경쟁 상권도 없어 소비자들이 다른 지역으로 빠져나가지는 않지만 반대로 소비자 유입도 기대하기 힘든 상권이었다. 팽창도 쉽지 않고 잘되는 업종도 제한적인 항아리 상권의 특성을 갖고 있었다.

건물주가 건물을 매입했을 당시 주요 임차인은 프랜차이즈 제과점, 호프집, 한의원, 봉제공장, 당구장, 태권도, 미술학원 등으로 일반적인 아파트 상권의 업종으로 구성돼 있었다. 당시 월 임대수입은 1100만 원이고 수익률은 5.02%로 나타났다. 당시 기준으로 보면 그리 낮은 편은 아니었지만 그렇다고 높은 수준이라고 할수도 없었다. 건물주 입장에서는 새로 상가 건물을 매입했기 때문에 이전보다 더 높은 수익률을 기대하며 우리 팀에 자산 관리를 위임했다.

우선 건물 점검부터 시작했다. 1976년에 준공된 건물이라서 손을 볼 곳이 한두 군데가 아니었다. 건물을 헐고 새로 지으면 딱 좋겠지만 항아리 상권에서는 신축해도 새로운 임차인 구성이나 임대료 인상이 쉽지 않다. 뒤편의 주택가는 대단위 재건축이 예정되어 있지만 개발 일정이 불투명해 더더욱 신축에는 위험 부담이 컸다. 신축 비용은 15억 원으로 예상되지만 전면적인 리모델링 비용이 최소 5억 원이어서 (예상) 수익 대비 비용이 커보였다.

우리 팀은 건물주와 머리를 맞대고 논의에 논의를 거듭했다. 자산 관리AM 측면에서 전략적인 판단을 내리기 위함이었는데 투자 대비 최대의 수익을 올리는 방법을 찾아가는 과정이라고 보면 된다. 다행히 건물주도 자산 관리의 개념을 이해하고 의견을 적극적으로 개진했다. 결과만 놓고 가타부타하는 건물주와는 다르게 협의 과정에 대부분 참여하면서 제대로 된 결론을 내는 데 주력했다. 그 결과, 리모델링 공사에 나서되 비용을 최소화하기로 결론을 내렸다.

원칙이 세워지니 세부 공사범위를 정하기도 쉬웠다. 화장실 및 상하수도 배관 보수, 옥상 방수, 전기배전 계통 보수, 내·외벽 세척 및 도장공사, 현관 및 계단 미화공사 등에 집중했다. 약 4000만 원의 비용을 들였지만 편의성 개선에 초점을 맞춰 공사를 했더니 건물 분위기가 완전히 달라졌다.

건물 모습이 달라지자 방문자 수가 늘어나는 게 확실히 보였다. 방문자 증가에 맞춰 2층의 병원, 의원을 제외하고 나머지 3개 층의 임차인 또는 업종을 단계적으로 바꿨다. 임차인 업종을 교체하면서 임대료를 올리자 임대수익률은 공사 이전에 비해 2배 가까이 늘었다. 연간 임대수익률이 5.02%에서 9.1%로 뛴 것이다. 입지나 면적을 감안할 때 임대료를 올려 받을 수 있는 건물이었으나 그동안 시설 관리FM가 제대로 되지 않아 임대수익률이 제자리 걸음을 하고 있었던 것이다.

예상보다 빨리 새로운 임차인 또는 업종 유치를 마치자 건물주와 매월 1회 정기 미팅을 하고 사안이 생기면 그때마다 협의를 하다가도 격렬하게 의견을 교환했던 시간이 주마등走馬燈처럼 지나갔다. 결과적으로 서로 이해가 깊어지면서 효율적인 자산 관리 방안을 냈다.

건물주 대부분은 건물을 매입하면 배관, 전기 등 설비 수리와 누수공사 같은 보수에만 치중한다. 우량 임차인 유치를 위해서는 도장공사, 미화공사 등의 시설 투자도 빠뜨리지 않아야 한다.

: 비용 절감에 스트레스 해소까지 :

2010년을 전후해서 강남구 논현동, 역삼동 일대의 원룸 건물이 인기 투자 대상으로 꼽혀 열풍이 몰아친 적이 있다. 임대수익률이 높다는 입소문을 타면서 많은 사람이 투자에 뛰어들었지만 후유증은 얼마 가지 않아 그대로 노출됐다.

투자자 D씨도 그런 경우다. 그는 역삼동에서 2010년 10월 준공된 지하 1층, 지상 4층의 원룸 건물을 매입했다. 지하 1층에 스튜

디오, 지상 2층부터 4층까지 원룸 14개로 이뤄진 건물이었다. 허용된 용적률 범위 안에서 옥상에 옥탑방을 증축까지 했다. 그것도 부족하다고 판단했던지 수익률 극대화를 위해 임대 관리AM에 시설 관리FM까지 챙겼다. 부동산 자산 관리 경험이 거의 없었지만 임차인 기분에 맞추고 계단, 복도를 청소하면 된다고 생각했던 것이다. 하지만 딱 3개월 만에 두 손 들고 지인의 소개로 우리 팀에 자산 관리를 의뢰해왔다.

D씨와 자산 관리를 대행해주기로 계약하고 역삼동 원룸 건물에 대해 파악해보니 임대료를 연체한 임차인이 너무 많았고 공실 기간도 길다는 것을 발견했다. 임차인과 1개월, 3개월, 6개월 단위로 계약하고 통상 보증금 형식으로 1개월분을 예치금으로 받는 단기 임대주택이어서 며칠만 연체가 되어도 임대수익에 타격을 받는 상황이었다. 게다가 장기간 공실은 임대수익에 치명적인 요소였다.

단기 임대주택은 짧은 기간을 머무는 거주자 특성을 감안해 생활에 필요한 가전제품, 가구가 대부분 갖춰진 풀 옵션full option으로 구성되어 있다. 임차인이 옷과 수저만 갖고 들어오면 바로 살 수 있을 정도라고 해도 과언이 아니다. 문제는 잠깐 살다가 옮긴다는 임차인의 의식 때문에 실내 집기의 손상이 많다는 점이다. 내 집 물건처럼 다루지 않기 때문에 임차인이 나가면 비품 확인, 청소,

도색 등 할 일이 산더미처럼 쌓인다. 이런 경험이 없는 사람이 망가진 비품을 고치거나 단시간에 도색을 말끔하게 처리하는 것은 말처럼 쉽지 않다. 그런데 이러한 시설 관리가 제대로 안 되면 임차인 구하기가 점점 어려워져 임대수익률에 마이너스 요인으로 작용한다.

임차인 모집이나 시설 관리보다 더 까다로운 일은 임차인의 비위를 맞추는 것이다. 서로 다른 특성을 가진 임차인의 요구 목소리에 제대로 대처하지 못하면 소문이 퍼져 임차인 모집이 더 어려워지는 악순환 구조에 빠지게 된다.

우리 팀은 D씨의 위탁을 받은 지 두 달여 만에 연체됐던 임대료를 모두 정상화시켰다. 공실이 발생하면 부동산 중개법인의 장점인 네트워크를 가동해 1주일 안에 새 임차인을 찾았다. 평소에도 시설 관리 인력을 투입해 집기 등을 고쳐주며 임차인들의 신뢰를 쌓아 나갔다.

임차인이 나가면 새 임차인이 오기 전까지 청소 및 도색작업을 한다. 꾸준히 연락하고 있는 업체들이 나서기 때문에 저렴한 비용으로 빠른 시간 안에 작업을 끝낼 수 있다. 임대료 연체 등 임차인과의 모든 분쟁도 임대 관리 측면에서 해결한다.

D씨는 건물에 대해서는 우리 팀의 보고만 받고 있으며 예전보다 자신의 회사 업무에 집중하고 있다. 원룸 건물의 관리에 대한

신경은 거의 끊은 채 살고 있다. 건물 자산 관리 위탁수수료를 지불하고 있지만 장기적으로는 비용 절감까지 예상하고 있다. 또한 스스로 건물 관리를 하면서 받았던 스트레스를 날려버린 것은 계량計量할 수 없는 덤이라고 말한다. 건물 관리가 쉽다고 생각할 수 있지만 경험이 부족하다면 자산 관리 전문업체에 맡기는 것이 오히려 효과적이다.

: 임차인은 상권에 맞게 유치하라 :

임대 관리를 하다 보면 매우 신경 쓰이면서도 스트레스 많은 업무가 임차인 변경이다. 입지에 맞는 업종 구성과 우량 임차인 유치가 말처럼 쉽지 않다. 우량 임차인을 장기 유치하는 것은 건물주 입장에서 안정적인 수익 구조의 기반을 다지는 과정이어서 임대 관리의 핵심 요소가 된다. 문제는 내 건물에 우량 임차인이 입주하려고 줄 서서 기다리고 있지 않는다는 점이다. 그렇다고 우량 임차인이 올 때까지 마냥 기다릴 수도 없는 노릇이다. 우량 임차인을 무작정 기다리다가 공실 기간이 길어지면 임대료 수익에 직접 영향을 미치기 때문이다.

문제는 풀어서 해결하라고 존재한다. 문제의 핵심인 우량 임차인을 입주시키려면 건물이 들어선 상권에 대한 이해와 향후 상권 변동에 대한 예측까지 해내야 한다. 성향이 급격하게 변하는 상권이라면 더욱 그렇다. 우리 팀이 변화무쌍하기로 둘째가라면 서러운 홍대 상권에서 우량 임차인을 유치한 배경도 상권에 대한 이해에서 출발했다.

홍대 상권은 홍익대학교 정문 주변에 형성된 화방, 공방, 미술학원, 작업실 등 예술 관련 산업과 1984년 지하철 2호선 개통으로 유동 인구가 늘어나면서 생기기 시작한 홍대입구역 주변의 먹자골목으로 싹을 움텄다. 이후 예술적 분위기에 개성 강한 라이브클럽, 댄스클럽 등이 연이어 문을 열면서 젊은이들의 발걸음이 잦아지자 퓨전 레스토랑, 바 등이 밀물처럼 몰려와 상권이 급속히 성숙했다. 클럽 문화에 어울리는 의류, 액세서리 등의 점포도 늘어나면서 이제 복합 상권으로 발전했다.

투자자 E씨도 홍대 상권의 발전 가능성을 예측하고 2011년 홍대 주차장 길에 매물로 나온 대지 340제곱미터103평, 지하 1층에 지상 6층, 연면적 1,122제곱미터340평 규모의 근린생활시설 건물을 58억 원에 매입했다. 당시 임대수입은 월 1660만 원이고 연간 수익률은 3.5%로 낮은 편이었다. 수익률을 높이는 임대 관리를 맡는 조건으로 우리 팀이 매매를 중개했기 때문에 수익률 증대 방안을 짜는 것이 당면과제였다.

우선 리모델링 공사를 검토했다. 하지만 건물은 1984년 준공됐으나 이전 소유주가 2004년 리모델링 공사를 했기 때문에 추가로 개선할 필요는 없다고 판단했다. 이어서 상권과 임차업종 구성을 집중적으로 분석했다.

매입 당시 임차업종은 유흥주점, 횟집, PC방, 사무실 등이 있었다. 홍대입구역 및 홍익대 정문 주변의 메인 상권에서 떨어진 서브 상권인 주차장 길에서는 일반적인 구성이었다.

당시에는 핵심 상권이 팽창하고 있었지만 아직 주차장 길까지는 확대되지 않고 있어서 성장이 유력한 임차업종이 두각을 보이지 않았다. 그렇다고 낮은 수준인 임대수익률을 보고만 있을 수 없는 노릇이었다. 임대수익을 높이려면 임차업종을 다시 구성해야 한다는 판단을 내렸다.

사실 우리 팀은 건물 매수와 동시에 시작된 자산 관리 업무의 가장 큰 주안점을 건물의 얼굴이라 할 수 있는 저층 매장의 재구성에 두고 있었다. 당시 1층에 입주한 업종은 야간에만 영업하는 유흥주점이었기 때문에 낮에는 문을 닫고 있어서 건물 전체가 아무도 없는 것처럼 보이게 만들어 건물 이미지에 좋지 않았다. 그리고 지하의 부동산 중개업소, 2층 참치 전문점, 3층 PC방은 향후 예상되는 상권의 성격과는 전반적으로 어울리지 않았다. 계약 만기에 맞춰 임차업종을 바꾸기 시작했다.

우선 1층은 계약 만기와 동시에 재계약을 하지 않고 커피 프랜차이즈를 유치했다. 1년 후에는 다이닝 이자카야로 바뀌었다가 현재 퓨전 레스토랑이 자리 잡았다. 지하 1층은 재계약을 하지 않고 테라피 마사지 점포를, 3층 PC방은 협의 후 내보내고 현대적 분위기의 바를 유치했다. 2층 참치 전문점도 현재 주차장 길 상권에 어울리지 않는 업종이어서 임대료를 올릴 수 있는 임차업종을 유치할 계획이다.

참치 전문점을 포함해서 임차업종을 재구성한 후 임대수익은 2000만 원으로, 수익률도 이전보다 상승했다. 주차장 길은 변화무쌍한 상권답게 2011년 이후에도 여러 업종으로 바뀌다가 2015년에는 퓨전 레스토랑, 주점, 카페 등 트렌디한 요식업이 대세로 떠올랐다.

홍대 상권에서 메인 상권은 메인 상권대로, 서브 상권은 서브 상권대로 여전히 섹터별로 진화를 거듭하고 있다. 그래서 섹터별로 독특한 상권 특성을 이해해야 임대 관리에도 도움이 된다. 예를 들어, 주차장 길 상권의 건물에서 근린생활업종의 한계치는 지상 2층, 최대는 지상 3층까지다.

2015년에는 사무실 용도로 사용 중인 건물의 4층 이상도 향후 근린생활시설업종으로 유치할 수 있느냐가 주차장 길 상권의 임대 관리에 있어 중요 포인트로 꼽힌다. 같은 층, 같은 면적이라면 근린생활업종은 업무시설업종 대비 통상 20~30% 정도의 추가 임대수입을 기대할 수 있기 때문이다.

이준현 팀장
전문 분야 : 중소형 빌딩 종합 자산 관리·부동산 관련 법무 자문

05

부담부 증여를 아시나요?

: 건물을 물려주고 싶다는 아버지 :

찬바람이 불던 2013년 11월의 어느 날, 사투리 섞인 젊은 목소리의 상담 전화를 받았다. 강남에 있는 50억 원 안팎의 수익용 건물을 찾고 있었다. 회사 방문을 요청했더니 마침 그 근처라고 했다. 스마트폰으로 지도를 검색하며 찾아온 그를 보자마자 깜짝 놀랐다. 50억 원의 건물을 찾는 손님은 바로 20대 중반의 대학생이었기 때문이다.

얼굴에는 미소를 띠고 손님을 맞았지만 내심 의심의 경계를 내려놓을 수 없었다. 우리 회사가 4만여 개의 빌딩 정보를 데이터베이스WCD 시스템로 구축해놓고 있다 보니 손님인 척 찾아와 정보만 빼가는 경우가 한두 번이 아니었기 때문이다. 대학생 손님의 표정이나 말투로 봐서 정보를 염탐하려는 것은 아니라고 생각되었지만 그래도 반신반의하며 이야기를 나누기 시작했다.

아직 대학생이면서 강남의 건물을 찾는 이유가 궁금했는데 알고 보니 함께 지방에 살고 있는 아버지의 부탁으로 빌딩을 찾고 있었다. 지금은 가족 모두가 지방에 있지만 향후 서울로 이전할 계획도 있다고 한다. 한 시간 정도 대화를 해보니 건물을 찾고 있는 진짜 손님이라는 확신이 들었다.

하지만 본인이 아닌 부모님의 돈으로 건물을 구매할 계획이기 때문에 부모님에게도 투자 내용을 직접 설명해야 했다. 물건 분석 자료도 설명하고 현장 답사도 해야 해서 부모님이 서울에 올라올 수 있는 시간을 물었더니 다음 주 일요일이라고 했다. 손님이 찾으면 일요일에도 정장을 입고 기다려야 하는 게 빌딩 중개 컨설턴트의 행동수칙이다. 약속 날짜가 되어 회사 근처에서 처음 만난 부모님의 인상은 대학생만큼이나 후덕하게 보였고 성격도 온화한 느낌이었다. 왠지 예감이 좋았다.

상담을 진행해보니 대학생 아들이 얘기한 대로 아버지가 투자를 계획하고 있었다. 임대수익용 건물을 알아보고 있는 것은 맞았으나 아들이 전하지 않은 내용이 있었다. 바로 건물 증여다. 아버지는 건물을 매입한 후 아들에게 넘겨주길 원했다.

"대학생이어서 소득이 잡혀 있지 않은 아드님에게 건물을 넘기면 증여세로 매매가의 절반을 내야 합니다"라고 설명한 다음, "은행에서 넉넉하게 대출을 받아 부담부 증여로 건물을 아드님 명의로 올리는 게…"라고 말하는데 아버지는 말이 끝나기도 전에 "부담부 증여가 뭐냐?"라면서 바로 관심을 보였다.

: 빚까지 증여하라 :

부담부 증여는 부담스러운 증여가 아니다. 아버지가 부동산 전체를 아들에게 넘기는 것이 일반적인 증여라면 부담부 증여는 건물에 묶여 있는 빚도 함께 증여하는 방법이다. 채무(빚)에 대해서는 증여세가 과세되지 않기 때문에 절세의 방법으로 꼽힌다.

예를 들어, 아버지가 은행에서 2억 원의 대출을 받아 3억 원의 보증금을 낀 10억 원의 건물을 매입해 아들에게 증여한다고 가정해보자. 그래서 아들은 5억 원(대출+보증금)의 채무를 갚도록 하는 게 부담부 증여이다. 대신 아버지는 5억 원만큼은 아들에게 유

상 양도한 것으로 간주돼 양도소득세를 낸다. 부담부 증여를 선택하면 낼 세금이 크게 줄어든다. 10억 원 건물의 일반 증여 시 납부세액은 2억 원을 넘는다. 반면 부담부 증여 때는 건물 보유기간 등에 따른 과세 기준 차이를 감안해도 납부세액은 1억 3000만 원 정도에 그친다. 약 7000만 원이 줄어든다. 일반 증여는 누진과세 구조여서 부담이 커지는 것이다.

부담부 증여는 수익형 부동산을 증여할 때 효과가 더 크다. 임대수익으로 채무를 갚을 수 있어 아들의 세 부담이 줄어들기 때문이다.

양도 차익이 적은 부동산이라면 양도세를 내야 하는 아버지의 입장에서 부담부 증여가 더 매력적일 수 있다. 다만 부담부 증여에는 전제되는 조건이 있기 때문에 상황을 꼼꼼히 따져 봐야 한다. 채무가 객관적으로 입증되어야 하고 아들의 변제 능력도 확인되어야 한다. 나중에 능력이 되지 않는 것으로 확인되면 가산세까지 부과될 수 있다.

부담부 증여에 대한 설명을 귀담아 듣고 난 후 아버지는 "원하는 내용을 콕 찍어 말해줘서 고맙다"라며 표정까지 환해졌다. 그리고 부담부 증여에 적합한 건물이 있는지 문의해서 수익형 물건 위주로 브리핑을 했다. 그 물건 중에 역삼동의 건물에 관심을 보였다. "신축 건물에다 임대수익률도 괜찮아 보인다. 생각 좀 해보겠다"라고 말하고는 지방으로 내려갔다. 그로부터 4일 후에 아버지는 역삼동 건물의 매입 의사를 전화로 전달했다. 그런데 확인 결과, 이틀 전에 매매가 되어 버렸다. 역시 내 마음에 드는 물건은 다른 사람에게도 좋은 것이다. 투자자가 몰리는 강남에서는 더욱 그렇다. 아쉽게도 간발의 차이로 늦은 것이다.

심기일전해서 물색하던 중에 논현동에서 발견한 건물을 대학생의 아버지에게 추천했더니 역시 매입하겠다고 했다. 그런데 문제는 당초 계획했던 투자 금액 50억 원보다 많은 75억 원에 나온 건물이었다. 그동안 알고 연락하는 은행 지점장들에게 모두 견적을 넣었으나 기대만큼의 대출이 어려워 이번에도 접을 수밖에 없었다.

두 번의 기회를 놓치고 한 달쯤 지났는데 청담동에서 급매 물건이 발견됐다. 65억 원이었던 건물이 50억 원까지 내려간 것이었다. 기존 건물주가 운영하던 공장에서 불이 나 보험금을 받아야 했는데 일시불이 아닌 분할로 받게 되는 바람에 자금 융통에 어려움이 생기자 급하게 건물을 내놓은 안타까운 사연이 있었다.

우리 팀은 급히 청담동으로 달려가 건물을 둘러본 뒤 그 자리에서 대학생의 아버지에게 당장 서울로 올라오라고 전화했다. 급매 물이지만 건물이 좋아 보였기 때문에 더 이상 기회를 놓칠 수 없다고 판단했다. 아버지는 지금 아들이 서울에 올라가 있으니 일단 아들에게 건물을 보여주라고 부탁했다. 얼마 지나지 않아 아들도 현장으로 왔다. 그동안 소개했던 역삼동이나 논현동 건물은 사실 대학생의 아버지가 무척 마음에 들어 했다. 그런데 이번에는 달랐다. 지금까지 답사할 때 거의 말이 없던 아들이 이번에는 질문이 많아진 것이 아닌가. 건물도 그냥 스쳐보는 수준이 아니라 구석구석까지 꼼꼼히 살피고 있었다. 그리고는 아버지께 빨리 올라오셔서 건물을 봐야 한다고 전화까지 직접 했다. 정수리를 한 대 맞은 느낌이 들었다. 대학생인 아들의 건물 보는 안목이 남달라 보였기 때문이었다.

다음 날인 12월 23일, 일찍 서울에 올라온 아버지와 아들은 함께 은행을 찾아가 대출 금액을 확인하고 청담동 건물을 매입하기로 결정했다. 그리고 크리스마스이브에 매도자와 매수자의 계약 자리가 마련됐다. 매수자의 의견을 반영해 우리는 매도자와 협상하여 2억 원이 내려간 48억 원에 합의했다. 작은 인연으로 시작해 모두 만족한 결과로 끝났다.

: 꾸준한 관리가 건물 가격을 올린다 :

청담동에 있는 건물을 매입했지만 대학생의 가족은 여전히 지방에 머물러야 하는 상황이었다. 대신 우리 팀이 건물을 꾸준히 관리하며 챙겼다. 그러던 어느 날, 건물 지하의 임차인이 여름만 되면 지하에 물이 샌다고 했다. 분명 매도자에게 누수나 균열 등 하자가 없다고 확인받았는데 이해할 수 없는 일이었다. 즉시 매도자에 연락했더니 "지금까지 그런 일이 없었는데 약속한 사항이니 방수공사를 하겠다"라는 의사를 우리에게 전달했다. 지하 임차인에게는 건물 매매 계약상황을 설명하고 명도(이전 절차)가 불가피하다고 통보했다. 그런데 알고 보니 지하 임차인의 꼼수 때문에 벌어진 일이었다.

당시 지하 임차인은 건물주가 변경됐다는 이야기를 듣고 월세를 올릴 거라는 염려에 누수를 거론하며 지레 선수先手를 친 것인데 오히려 이전해야 하는 부메랑으로 돌아왔다. 임차인은 견딜 만한 누수라고 애원조로 바뀌었지만 이미 버스는 떠난 뒤였다. 그때는 겨울이어서 누수가 눈으로 확인되지 않았지만 여름 장마철에 예상되는 기계 설비 손상, 만약의 인명 피해까지 우려해 예방 차원에서 미리 공사하자는 결정을 내릴 수밖에 없었다. 이후에도 건물 화장실에서 물이 나오지 않거나 조명에 문제가 생겼다는 임차인들의 전화를 받으면 바로 해결해줬다. 그런 노력 때문인지 공실 없이 임대수익률을 맞춰가고 있다.

매매 계약을 맺은 지 2년째인 2015년 5월, 이 건물을 60억 원에 사겠다는 제안을 받았다. 매입 가격 대비 10억 원 이상 오른 금액이다. 대학생의 아버지에게 매도 의사를 물었더니 그러고 싶지 않다고 했다.

이상찬 팀장
전문 분야 : 상속 및 증여 목적의 빌딩 매매·리모델링 및 신축 건물 매매 시 명도 컨설팅

5장

트렌드를 읽어라

01

컨설턴트는 매수인 편인가?
매도인 편인가?

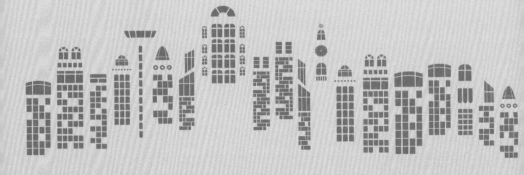

: 객관적인 자료로 건물주를 설득하다 :

지난 10여 년간 빌딩 중개 컨설턴트로 일하면서 수많은 고객과 건물주를 만났다. 모든 중개마다 사연이 있으며 컨설턴트인 내게 교훈을 준 사례도 있었다. 그중 하나가 2013년 1월 초에 만난 고객이었는데 아직도 또렷하다. 다른 빌딩 매수 희망자보다 젊은 고객이었기 때문에 기억에 더 생생히 남았는지 모르겠다.

신문의 매물 광고를 보고 사무실로 찾아온 고객은 다정한 부부였다. 남자는 반듯한 이목구비에 매끈하고 흰 피부가 강렬했으며 엘리트 같았다. 나중에 안 사실이었지만 40대 후반의 나이였다. 외국계 증권회사에 근무 중이고 열심히 일한 대가로 큰돈이 들어왔다고 했다. 그런데 고객의 돈을 굴려 수익을 내야 하는 업무의 피로에 지쳐 빌딩 임대사업을 준비 중이라고 했다. 엄마 같은 미소가 인상적인 30대 후반의 부인이 남편에게 제안한 것 같았다.

희망 매입 금액으로 50억 원~70억 원 사이를 제시했다. 브리핑 자료를 통해 서너 건의 건물을 소개했는데, 그 가운데 강남구 신사동 세로수 길의 건물을 보자 갑자기 부부의 눈빛이 약속이나 한 듯 동시에 흔들렸다. 희망 매도 금액이 85억 원이어서 선뜻 추천을 못했는데 두 사람의 표정은 관심 단계를 이미 넘어섰다. 다른 물건도 보여 달라고는 했지만 그냥 해보는 소리처럼 들렸다. 알고 보니 그 건물 2층의 음식점에서 부부가 자주 식사를 했기 때문에 관심이 높았던 것이다. 사실 건물을 매입할 때 내가 살던 곳이나 사는 곳, 자주 가는 곳 등 잘 아는 지역을 선택하는 게 실패를 줄이는 방법인데 부부도 익숙한 그 건물이 계속 눈에 밟혔던지 매각 의사를 알아봐 달라고 부탁했다.

다음 날, 건물주를 만나 매각 의사 등을 다시 문의했다. 건물주는 몇 년 전부터 건물을 팔려고 했지만 가로수 길에 이어 세로수 길마저 인기 지역으로 떠오르고 시세가 계속 올라가자 마음을 정하지 못하고 있었다. 그런 건물주를 설득할 만한 근거가 하나 있었다. 당시 그 건물의 시세는 심리적 마지노선인 3.3제곱미터1평당 1억 원에 가까웠다. 그 건물이 세로수 길에서 평당 가격이 가장 높아 매수자가 나타나지 않는다는 점을 강조했다. 주변의 최근 매각 사례를 모두 모아서 건물주에게 설명했다. 건물주보다 정보가 부족하면 가격 협상을 진전시킬 수 없다고 판단해 분석 자료를 최대한 챙겼다. 설명을 듣던 건물주는 고개를 겨우 끄덕였다. 금액 협상에 여지가 있다는 의미였다.

그런데 건물주가 무겁게 "건물 공유자共有子로 있는 동생에게도

의향을 물어보고 나서 다시 만나자"라고 말했다. 공유자가 많을수록 결정 절차가 복잡해진다. 공유자가 둘이라도 누군가 반대 의견이 나오면 두 번 다시 금액 이야기가 어려운 게 협상의 속성이다. 그래도 건물주의 협상 가능성을 확인한 건 큰 진전이었다.

: 계약 전 단계에서의 유의사항 :

회사로 돌아오자마자 가능한 융자 규모를 확인하기 위해 평소 연락하고 지낸 금융회사 지점장들에게 대출 견적을 의뢰했다. 융자 규모뿐만 아니라 적용 금리도 짚고 넘어갔다.

은행에서 적용하는 금리는 그야말로 천차만별이다. 은행마다 적용 금리가 다르고 같은 은행이라도 지점에 따라 금리 조건이 다르다. 주거래 은행을 바꾸는 자산가들에게는 대개 금리를 낮게 적용하는 게 관행인 듯하다. 신용 정도, 자산 규모를 따져 장기적으로 매력적인 자산가로 판단되면 심지어 역마진이 나더라도 주거래 은행을 바꾸게 하려고 파격적인 금리 조건을 제시하기도 한다. 증권회사에서 일하는 매수 희망자는 은행들의 그런 금리 적용 사례를 훤히 알고 있었는지 가급적 좋은 조건의 대출을 알아봐 달라고 했다. 저금리 시대라고 하지만 변동금리 조건으로 대출받았다가 금리가 오르면 곤란하다며 고정금리를 선호했다.

시세 85억 원 건물에 대출 45억 원을 받는 건 어렵지 않지만 은행 입장에서는 고정금리를 적용하기가 부담스러울 수도 있다. 그런데 한 은행지점에서 7년 고정금리 조건으로 대출이 가능하다는 연락을 받았다. 실탄을 공급받을 준비는 끝난 것이다. 이제 매도자와 매수자 간 마무리 협상 단계로 접어들었다.

건물 공유자인 동생과 협의를 마치고 돌아온 건물주는 희망 매도 가격의 마지노선으로 처음보다 1억 원을 낮춘 84억 원을 제시했다. 한 달에 100만 원씩 7년 정도 모아야 손에 쥘 수 있는 1억 원을 단 몇 시간의 브리핑으로 벌어들인 느낌이었다. 덤으로 건물주의 매도 의사를 분명히 확인하는 소득도 올렸다.

건물주의 희망 매도 가격을 전해들은 매수자는 82억 원까지 맞춰주면 사겠다는 입장을 보였다. 차이가 무려 2억 원이다. 이럴 때 빌딩 중개 컨설턴트는 정말 난감해진다. 빌딩 매입을 의뢰한 매수자의 이익을 고려하면 가격을 깎아야 하지만 매도자도 역시 고객이기 때문에 매도자 입장까지 감안해야 하기 때문이다. 그렇다면 중간값으로 절충하는 것이 효과적이라고 생각하지만 매도자나 매수자의 입장은 다를 게 분명했다. 매도자는 대부분 건물 매각 후 납부할 세금 부담을 이유로, 매수자는 은행 대출금 등과 관련한 자금 계획을 앞세워 서로의 가격 마지노선을 고집한다. 사실 차이 나는 금액이 클 때보다 작을 때가 매도자와 매수자 간 의견 조율이 더 힘들다. 5억 원~10억 원보다 1000만 원이나 2000만 원 차이로 깨지는 경우가 많다.

계약 날짜는 매도자와 매수자 모두에게 월요일은 피하라고 권한다. 주초로 잡으면 바로 전 주말 동안 매도자와 매수자 모두 이런저런 생각을 하게 되어 계약이 취소될 수 있기 때문이다. 또 계약을 위해서는 서류도 준비해야 하는데 관공서 업무를 볼 수 없는 토요일, 일요일이 끼면 진행 자체가 힘들다.

계약 당일에는 몸도 마음도 제일 바쁜 사람이 중개 컨설턴트다. 금액 협의만 끝나면 서로 도장을 찍을 수 있게 미리 중개 대상 확인 설명서, 특약사항, 중도금, 잔금일 등을 조율하지만 가격 절충에 도달하지 못하면 말짱 도루묵이나 마찬가지여서 그동안 중개인 노력의 화룡점정畵龍點睛은 계약 당일에 달려있다. 부분적인 협의는 계약 당일 전에 미리 마무리하는 것이 좋다. 가격 절충을 끝내 놓고도 세부적인 내용과 관련한 협의를 하다가 서로 힘이 빠져 계약을 미루는 경우가 자주 발생한다.

매도가 84억 원을 요구한 건물주와 매입가 82억 원을 제시한 매수자가 계약 당일에 회사로 찾아와 각각 다른 방에 자리를 잡았다. 우리 팀은 건물주와 매수자를 오가며 가격 협상에 들어갔다. 안타깝게도 서로 요지부동이었다. 여러 가지 조건을 조정했지만 가격 절충만 벌써 3시간째였다. 시간이 많이 흐르자 매수자는 83억 원, 매도자는 83억 5000만 원으로 조금씩 조정했다. 건물주는 다른 약속 때문에 곧 나가야 한다고 엄포를 쳤다. 지금 건물주를 보내면 중개 컨설턴트 자격이 없는 것이나 마찬가지다.

건물주를 약속 장소까지 자동차로 모시고 갔더니 "젊은 사람이 열심히 하네"라며 동석하라고 했다. 다행히 매수 희망자도 개인적인 일 때문에 몇 시간 정도 자리를 비워야 하는 상황이었다. 가격 절충을 시작한 지 5시간쯤 지났을 때였다.

저녁 식사를 하면서 반주로 한두 잔 술을 마셔 살짝 취기가 오른 건물주는 드디어 "83억 원에 팔 테니 내일 다시 시간을 잡아 달라"고 했다. 금요일 오후 7시 돼서야 고지가 눈앞에 보였다. 연락을 받은 매수자는 밝은 목소리로 흔쾌히 내일 다시 오겠다고 했다. 자기가 원하는 가격이 될 것으로 생각했었는지 토요일에도 계약이 가능하게 수표까지 끊어뒀다. 강남구 신사동 세로수 길 메인 상권 코너에 있는 지하 1층, 지상 6층 건물은 83억 원에 거래됐다. 보증금 4억 8000만 원, 월세 2810만 원, 관리비 180만 원으로 연 수익률 4.59%가 나오는 건물이었다.

매입 가격은 3.3제곱미터1평당 9300만 원 선이었지만 세로수 길의 인기를 등에 업고 2년 만에 3.3제곱미터당 1억 3000만 원~1억 4000만 원으로 뛰었다. 가격이 오르는 지역에서는 건물의 임차인을 변경만 해도 임대료를 좀 더 높게 받을 수 있다. 주변 건물들의 임대료 수준으로 올릴 수 있어 임대수익률은 크게 상승한다.

기존 건물주는 주변 건물 시세가 오르는데 정情에 이끌려 임대료를 올리지 못하는 경우가 허다했다. 그에 비해 새 건물주는 임대료를 새롭게 책정하는 부분에서 비교적 자유롭다. 세로수 길에서 새로운 건물주가 된 부부는 우리 팀의 제안을 대부분 실행했다. 금융 전문가인데도 부동산 전문가의 컨설팅을 믿고 따라줘서 고맙다는 생각까지 들었다. 분야는 다르지만 전문가끼리는 역시 통하는 것이 아닐까.

권오진 이사
전문 분야 : 중소형 빌딩 및 사업 부지 매매·상권 및 투자 가치 분석

02

꿩 잡는 게 매

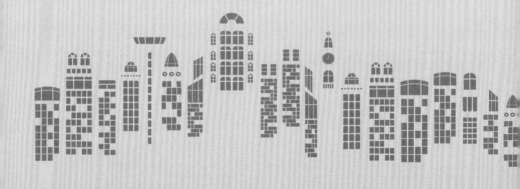

:지렛대 효과의 양면성:

투자는 항상 성공할 수 없어서 투자만큼 왕도가 없는 분야도 없다. 부동산 컨설턴트로 일하면서 많은 고객을 만났고, 그들의 성공한 투자와 실패한 투자를 보며 꾸준하게 분석하면서 배우기도 한다. 그렇게 해서 모은 자료를 반면교사反面教師 삼아 고객들에게 실패하지 않는 방법을 알려주고 있다. 이 자리에서 가장 기억에 남는 성공적인 투자의 사례를 설명하고자 한다.

부동산 투자에도 성공하는 유전자가 있는지 모르겠다. 성공한 부모의 투자 패턴을 오랜 시간 동안 보고 배운 결과인지 모르겠으나 부동산 자산가들의 2세들은 부동산 투자에 대한 감각이 날카로워 컨설팅 때마다 깜짝 놀라게 된다.

여러 투자 상품 중 부동산은 비교적 고가이며 그중에서도 빌딩은 주택과 달리 특별한 상품이다. 2세 자산가들은 부동산뿐만 아니라 은행과도 친밀도가 높아서 대출을 활용하는 방법을 당연하다고 생각한다. 빌딩 매매 시장에 첫발을 내딛는 초보 투자자와는 달리 대출에 대한 효과와 위험을 잘 파악하고 있기 때문에 지렛대 효과를 통해 자기 자금의 비중을 줄이면서 수익률을 높이고 있다.

오랫동안 관계를 맺고 지낸 조성우 씨의 부모님은 강남 일대에 300억 원~400억 원 규모의 부동산 자산을 가진 것으로 업계에 알려져 있었다. 빌딩을 하나 사면 담보 대출을 받아 또 다른 빌딩을 매입하는 방식으로 부동산 자산을 늘렸다. 어린 시절부터 이러한 부모의 투자 패턴을 지켜본 조성우 씨도 부동산 투자에 뛰어들면서 우리 회사에 빌딩 매물을 의뢰했다.

투자 예상금액은 50억 원~60억 원이며 지역은 강남으로 한정했다. 어릴 때부터 강남에서 살면서 강남지역의 부동산 시장 전망에 대한 믿음이 확고해 보였다. 본격적인 거래 업무를 진행할수록 상권 분석도 웬만한 중개인을 압도하는 지식을 갖고 있었다. 예를 들어, 한때 번성했던 압구정 로데오 상권이 2009년 일방통행도로 조성 사업 이후 급격히 퇴조한 배경도 꿰고 있었다. 일방통행도로 조성에 따라, 한 방향으로 흐르게 되는 유동 인구의 이동과 차량 이동이 상권에 어떤 식으로 영향을 미치는지 경험과 부동산 공부를 통해 파악하고 있었던 것이다. 그러면서 압구정 상권을 흡수한 가로수 길이나 세로수 길에서 나온 매물을 보여 달라고 했다. 주변보다 시세가 저렴한 매물이라면 다홍치마 아니겠냐는 말을 들으니 고객의 투자 대상이 분명해서 중개 컨설턴트 입장에서는 편하지만 만만치 않은 고객이라는 묘한 긴장감도 생겼다.

시세가 저렴하면 대개 상태가 좋지 않다고 설명하자 "싸게 사서 건물 가치를 올리면 수익률이 더 높을 수 있다"라는 답변을 했다. 분명 일반적인 투자자들과는 접근 방식이 달라 보였다. 노후 건물을 리모델링해서 기회비용을 절감하는 방식에 대해 별도의 설명이 필요하지 않을 정도로 건물 매입 및 관리에 대한 경험과 노하우를 갖고 있었다.

요구대로 시세가 저렴한 건물을 보여줬다. 1980년대 중반에 지은 낡은 건물이었다. 그동안 건물 관리가 소홀했고 임차인 구성도 영세 상인 위주였다. 당연히 임대 가격도 높게 책정될 수 없는데 조성우 씨는 매입을 결정했다.

현금은 부족했지만 지렛대 효과를 최대한 활용하기로 했다. 그래서 현금 10억 원으로 시세 60억 원의 건물을 샀다. 대출 50억 원을 지렛대로 삼아 강남 세로수 길 빌딩 주인이 된 것이다. 매달 고정 수입이 있거나 이자 부담에 대한 걱정이 없어야 가능하고 일반 투자자는 쉽게 따라할 수 없는 공격적인 투자 방식이다. 임대수익률을 높일 목적으로 무리하게 대출을 받았다가 오히려 부메랑을 맞는 게 지렛대 효과의 어두운 면이다. 2200여 년 전 그리스 수학자이자 물리학자인 아르키메데스가 "나에게 충분한 길이의 지렛대레버리지, leverage만 있으며 지구도 들어 올리겠다"라고 장

담한 것에서 비롯됐다는 '레버리지 효과지렛대 효과'는 양날의 칼과도 같기 때문이다. 조성우 씨처럼 제대로 알고 실행하면 득을 보지만 대출에만 초점을 맞추면 큰 손실을 보게 된다.

사실 지렛대 효과는 누구나 이해할 수 있다. 타인이나 금융회사에서 빌린 돈을 지렛대 삼아 이익을 창출하는 것이다. 예를 들어, 자기 자본 100만 원으로 10만 원의 순익을 올렸다면 자기 자본 이익률은 10%다. 그런데 자기 자본 100만 원에 이자 비용 3만 원을 내는 조건으로 타인 자본 100만 원을 빌려 10만원의 순익을 올렸다면 자기 자본 이익률은 17%가 된다[(200만 원×10%-3만 원)÷100]. 타인 자본을 빌려 같은 수익을 내니 자기 자본 이익률이 7%나 높아졌다. 물론 플러스 수익률이 아니라 마이너스 수익률을 낸다면 결과도 달라진다. 자기 자본만 투입했을 때 마이너스 10%가 됐다면 10만 원을 손해보고 90만 원이 남지만 타인 자본을 빌려 마이너스 10%가 됐다면 27만 원의 손해를 보고 원금은 77만 원만 남게 된다.

다시 말해 은행에서 돈을 빌려 임대료 받는 빌딩을 매입할 경우 임대수익이 금리보다 높으면 괜찮지만 반대라면 자기 자본을 순식간에 까먹을 수 있다. 게다가 건물 공실이 발생하면 수익률 계산을 할 필요가 없게 된다.

:리모델링으로 임대수익률을 올리다:

　조성우 씨는 인기 상권으로 떠오르는 세로수 길이라는 입지 특성에다 리모델링을 하면 건물의 가치를 올릴 수 있다고 판단했기 때문에 건물 상태가 좋지 않아도 구입한 것이다. 사실 철근 콘크리트조 건물은 지은 지 10년만 지나면 대부분 건물 가치는 없고 땅값만 존재하게 된다. 회계 처리 기준이 되는 법인세법에서는 철근 콘크리트조의 내용연수를 40년으로 정해놓고 있다. 회계에서 많이 활용하는 정률법을 적용하면 철근 콘크리트조의 연 감각상각은 2.25%로 대개 10년 후에는 건물 가치가 소모되는 것이다. 그러다가 지은 지 20년이 지나면 임대수익은 새 건물에 비해 절

반으로 떨어지는 게 일반적이다.

건물 관리를 남다르게 꾸준히 해왔다면 모르겠지만 중소형 빌딩을 소유한 건물주들은 시설 투자에 인색하다. 그러면 당연히 건물 수준이 떨어지고 임대료도 많이 받을 수 없다. 그래서 임대료를 적게 내는 영세 상인만 유치하면 임대수익률은 순식간에 바닥으로 치닫는 악순환 구조로 접어든다.

임대수익률을 높이려면 건물을 성형 수술리모델링하는 것이 효과적이다. 리모델링 비용으로 3.3제곱미터당 200만 원~250만 원을 들이면 임대수익률의 대반전을 기대할 수 있다. 다만 리모델링 공사 기간 중에는 임대수익을 기대할 수 없기 때문에 자금 흐름을 미리 확인해야 한다. 자금 흐름이 너무 빠듯하게 되면 리모델링 공사마저 중단되기도 한다.

조성우 씨는 빌딩 투자의 교과서 같은 과정을 실행하여 임대수익률도 높이고 향후 시세차익도 기대되는 그야말로 두 마리 토끼를 잡았다. 서울 강남 요지에 시세보다 저렴하게 건물을 매입하고 리모델링을 해서 임대수익률을 기존 4%대에서 6%대로 끌어 올렸다. 2014년 7월에 잔금을 치른 뒤 1년 만에 (회사로 치면) 경영 정상화 궤도에 올려놓은 것이다.

연세 드신 분들은 거의 100% 현금으로 빌딩을 매입하려고 한다. 반면 조성우 씨처럼 젊은 사람들은 금융 대출을 활용해서 투자하는 방식에 적극적이다. 투자 결정도 신속하다. 매도자의 절충 가격이 제시된 지 이틀 만에 조성우 씨는 계약서에 도장을 찍을 만큼 다른 투자자들에 비해 매우 빨랐다. 그만큼 판단이 빨랐다는 의미다. 타고난 부동산 투자자인지, 부모 어깨 너머로 투자 패턴을 보고 배웠는지가 중요하지 않다. '꿩 잡는 게 매'라고 했다.

심재만 팀장
전문 분야 : 중소형 빌딩 매매 · 신규 투자 대지 상권 분석

03

상권 변화 읽는 법

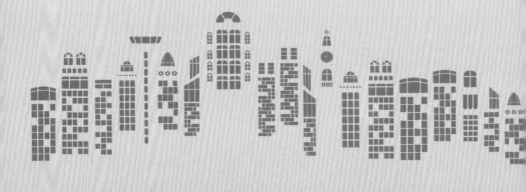

: 몸에 좋고 맛도 좋은 빌딩 :

빌딩 투자자들이 선호하는 A급 상권은 어디일까? 서울에서는 명동, 강남역, 종로, 홍대 주변, 이태원 및 가로수 길 등을 대개 꼽는다. 이런 상권에서 빌딩을 시세보다 저렴하게 매입하거나 리모델링 또는 재건축으로 기존보다 높은 임대료를 받을 수 있는 빌딩을 매입한다면 그 얼마나 좋겠는가. 투자자 본인의 만족은 물론 다른 빌딩 투자자들의 부러움을 살 것이다. 하지만 몸에 좋고 맛도 좋은 음식이 많을까? 상권이 빠르게 발전해서 유동 인구가 늘고 있으며 공실 위험이 없어 임대수익도 잘 나오고 주변보다 시세가 낮은 빌딩을 찾기란 '하늘의 별 따기'와 마찬가지다. 아무리 유능한 빌딩 중개 컨설턴트라도 그런 물건을 찾기란 불가능하다.

2006년 1월 1일부터 부동산 실거래신고제가 시행되어 이용료 700원만 내면 정보 공개 원칙에 따라 인터넷으로 부동산 등기부 등본을 볼 수 있다. 해당 지역 부동산의 매매 사례, 거래된 가격 및 시기 등을 쉽게 확인할 수 있으니 빌딩 소유주 입장에서는 주변 시세를 어느 정도 알게 된다. 빌딩 소유주들은 급하게 처분할 이유가 없으면 주변 시세보다 낮춰서 처분하지 않는다. 그러니 주변 시세보다 저렴하게 빌딩을 사기란 결코 쉽지 않다.

: 상권의 변화를 놓치지 마라 :

빌딩 투자자라면 이러한 현실에서 어떻게 투자해야 할까? 우리 팀이 추천하는 방법은 의외로 간단하다. 상권의 변화를 눈여겨보라는 것이다. 사려는 지역이 앞으로 좋아질 것인지, 나빠질 것인지를 판단해 상권이 더 발전하기 전에 미리 투자하는 것이다.

상권은 대부분 단기간에 빠르게 변하지 않고 오랜 기간 동안 일정한 변화와 단계를 거친다. 그 과정을 꼼꼼히 관찰하면 다른 부동산 투자자들보다 상권의 변화를 미리 예측할 수 있다. 상권의 변화를 관찰하려면 크게 두 가지에 주목해야 한다.

첫째, 투자를 희망하는 지역에서 일어나고 있는 부동산의 개발 상황을 확인한다. 빌딩, 주택, 토지를 구분할 필요 없이 신축, 증축, 리모델링 등의 개발이 많아지면 변화가 조금씩 진행되고 있는 것이다. 부동산 개발은 비용이 엄청나게 투입되기 때문에 개발에는 이유가 반드시 존재한다. 개인의 편의나 취향에 따라 부동산을 개발하는 경우가 있지만 극히 일부분이고 대부분 투입되는 비용보다 수익이 더 높아야 개발이 시작된다. 반대로 투자비보다 수익이 낮으면 어떠한 개발도 이뤄지지 않는다.

마포구 상수동에 낙후된 건물이 하나 있다. 신축된 지 20년이 넘은 지하 1층, 지상 6층의 임대수익용 건물인데 엘리베이터가 없다. 걷기에 불편하지 않은 지하 1층부터 지상 3층까지는 임차가 완료되어 적절한 임대료 800만 원 정도를 받고 있다. 반면 엘리베이터가 없어서 접근이 나쁜 지상 4층부터는 일부가 공실이고 그나마 채워진 층도 임차인의 요청으로 3개 층을 합해 월 150만 원만 받고 있었다. 건물주는 고민할 것이다. 엘리베이터를 설치해 걸어 다니기 힘들다는 이유로 낮게 받고 있는 층의 임대료를 올릴 것인가? 아니면 좀 더 경과를 지켜볼 것인가?

투자되는 비용을 확인해보자. 엘리베이터 설치 비용 8000만 외에 엘리베이터 공간 확보로 인해 화장실을 내부로 옮기는 비용, 공사 때문에 생긴 기존 임차인의 피해 보상금, 보강공사 관련 비용으로 2000만 원이 예상되어 총 1억 원이 들어가야 한다.

건물주는 엘리베이터를 공사하고 나서 임대료를 올려도 임차인 모집이 원활한지, 아니면 향후 상권은 더 활성화가 될 것인지 등을 고민한다. 상권이 좀 더 발전할 것이라는 확신이 들면 과감하게 엘리베이터 공사를 시작해야 한다.

둘째, 상권 변화와 함께 임차업종의 변화를 유심히 관찰한다.

우리나라 최고의 상권인 명동을 한번 보자. 명동의 주요 임차업종은 대부분 액세서리, 의류, 화장품 매장 등인 반면 음식점, 카페, 사무실 등은 상대적으로 드물다. 영업 이익보다 광고 효과를 노리는 안테나 매장을 제외하면 카페, 음식점 등은 적다고 볼 수 있다. 그 이유는 업종별 시간당 매출에 한계가 있기 때문이다.

명동의 1층 임대료는 3.3제곱미터당 500만 원 넘는 곳이 적지 않다. 단위 시간당 손님 수, 테이블 수, 회전 수 등을 계산해보면 웬만큼 수입을 올리지 않고는 명동에 음식점이나 카페를 내기 어렵다. 다시 말해 명동처럼 액세서리, 의류, 화장품, 잡화 등의 매장이 많다는 것은 그만큼 상권이 숙성됐다는 의미다.

중소형 빌딩에 투자하려면 명동처럼 상권이 숙성된 지역보다

상권이 형성되기 전인 지역 중에서 상권의 방향을 예상하여 우선적으로 투자하는 것이 효과적이다. 향후 상권이 발전하면 그만큼 부동산 가격은 오르고 임대료도 높아진다.

임대료가 높으면 그만한 수익을 창출하는 임차업종이 들어온다. 상권 숙성의 정도에 따라 해당 지역의 기준이 되는 임차업종들이 있다. 주택지역에 상권이 형성되면 식당이나 사무실이 들어오고 이어서 편의점, 카페 등이 들어온다. 좀 더 발전하면 잡화점, 의류, 액세서리, 화장품 판매점 등도 생긴다. 사무실 및 식당 위주로 이뤄진 지역에 잡화점 및 화장품, 의류 판매점이 속속 생긴다면 서서히 상권이 좋아지고 있다는 의미로 받아들여야 한다.

상권은 서서히 변하기 때문에 그 낌새나 변화를 단기간에 바로 알 수 없지만 답사를 꾸준하게 하면 보는 눈이 길러진다. 또한 포털 사이트의 로드뷰를 통해 몇 년 전 거리 모습도 확인할 수 있으니 임차업종의 변화를 보고 투자 판단의 기준으로 삼기도 한다.

임차업종의 변화가 있다면 유동 인구가 늘어나고 단위 면적당 빌딩 매매가에 변화가 있다는 것을 확인할 수 있다. 스스로 임차업종의 변화를 파악하기 힘들다면 빌딩 중개 컨설턴트의 조언을 받아 현장에 함께 나가는 것도 상권 판단의 한 방법이다.

오태환 팀장
전문 분야 : 수익형 부동산 매매·빌딩 가치 개발

04

내게 맞는
투자 방향부터 찾아라

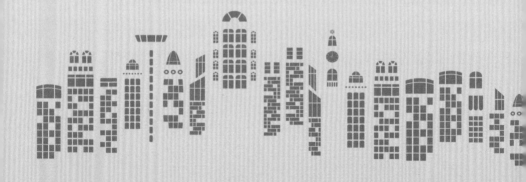

: 초보자는 개인별 맞춤형 투자로 :

아파트는 한때 부동산 시장에서 대표적인 투자 상품으로 꼽혔다. 환금성이 좋고 시세차익도 높아 대출을 받아 너도나도 뛰어들었다. 하지만 부동산 경기 침체로 아파트 값이 하락하면서 아파트 투자 매력도 뚝 떨어졌다. 게다가 저금리가 지속되자 아파트를 처분하고 빌딩을 매입하겠다는 사모님들이 우리 팀을 많이 찾아온다.

상담을 해보면 사모님들은 대부분 '빌딩 투자에 관심이 많고 투자하고 싶지만 비용이 많이 들 것 같아 부담스럽다', '정보를 듣고 싶지만 그럴 만한 곳이 없다' 등의 반응이 많다. 어떤 물건을 원하는지 스스로 파악하지 못하는 경우도 많다. 누가 간다고 하니 같이 온 것이다. 투자 목적과 방향이 불분명하니 선뜻 결정도 못 내린다.

빌딩 투자를 하기 전에 환금성, 수익성, 미래 가치 등을 기본적으로 따져야 하지만 사모님들만큼은 개인별 맞춤형 투자에 초점을 맞추기로 했다. 사모님들 개인별로 매입 의도, 연령, 수입 등이 다를 수밖에 없다고 판단했기 때문이다. 그렇게 개인별 맞춤형 투자를 추천했더니 만족도가 높게 나타났다.

　동네에서 흔히 볼 수 있는 모습의 사모님께서 찾아오셨다. 6학년 8반이라고 자신의 나이를 소개하셨다. 1990년 월계동의 단독주택을 매입해서 살고 있다가 2014년 처분하면서 갖게 된 15억 원으로 매입할 수 있는 수익형 부동산에 대해 의뢰했다.

　빌딩 투자 경험이 전혀 없는 사모님은 오랫동안 살던 강북 이외 지역은 싫다고 하셨다. 이른바 뜨는 상권의 투자용 건물보다는 사모님이 잘 알고 있는 동네 상권을 더욱 선호했다. 연 수익률 7% 이상인 수도권의 물건, 임대수익과 함께 시세차익도 기대되는 물건 등을 설명했지만 사모님의 관심은 강북에서 떠나지 않았다.

　사실 그러한 자세가 현명한 투자 방법이다. 투자 열기가 뜨거

운 지역이라도 그 지역에 대해 전혀 모른다면 차라리 잘 알고 있는 지역에 투자하는 것이 낫다. 평소 부동산 투자에 관심이 없어도 어떤 길에 사람이 많이 다니고 임대가 잘되는 건물이 무엇인지 자연스럽게 알 수 있기 때문이다.

건물을 팔려는 소유주들의 공통적인 이유가 건물 관리의 어려움이다. 역세권 대로변에 좋은 건물을 갖고 있어도 사는 곳과 멀리 떨어져 있으면 소유주가 스스로 관리하는 게 쉽지 않다. 작은 가게도 사장이 자리에 없으면 제대로 굴러가지 않는다.

임대 관리와 시설 관리에 따라 건물의 가치가 달라진다. 공실이 계속 나는 건물이라면 대부분 관리의 부실이 그 이유가 된다. 만일 자주 갈 수 있다면 당연히 관리도 잘 된다. 그러니 사모님 같은 분이라면 자주 갈 수 있는 곳의 건물을 매입하는 것이 투자 포인트다. 결국 사모님의 뜻에 맞춰 집 근처 월계동 일대에서 찾기로 했다.

사모님은 별다른 소득이 없어서 대출을 받아 매입한 건물에 공실이 생기면 이자를 감당하기 어려운 상황이다. 그래서 공실이 생겨도 대출 이자를 감당할 수 있는 수준의 임대료가 나오며 배후 세대가 풍부해 동네 상권이 안정적인 지역의 건물을 추천했다. 임차업종도 태권도, 교회, 학원, 병원 등으로 구성되어 있었고 공실이 발생해도 1~2개월 안에 임대를 채울 수 있었다.

그런데 브리핑을 듣던 사모님께서는 마지막 바람으로 연세가 있는 다른 투자자처럼 맨 위층에 살 수 있는 건물을 원했다. 그동안 살고 있던 단독주택을 처분하고 임시로 아파트에 월세로 살고 있기 때문이었다. 아파트를 아예 매입하고 빌딩은 따로 관리하라고 조언해 드렸지만 사모님은 처음에는 받아들이지 않았다. 사실 빌딩 소유주가 위층에 사는 것은 바람직하지 않다. 매일 임차인들과 인사하면서 정이 들어 그들의 사정을 들어주다 보면 임대차 관리가 잘 되지 않는다. 실제로 위층에 소유주가 거주하는 건물은 주변 임대료와 비교했을 때 30% 정도 낮게 형성되어 있다. 임대차 관리는 건물 가치에 큰 영향을 주기 때문에 건물주의 위층 거주를 추천하지 않는다. 우리 팀의 설명을 듣자 사모님께서는 마지막 바람은 접으셨다.

유망한 중소기업을 경영하는 여성 CEO인 J 대표는 50대였지만 그보다 젊어 보였다. 2014년 2월 지인의 소개로 찾아온 J 대표는 빌딩 투자는 처음이라면서 여러 가지 질문을 했다. 이야기를 여러 차례 나누다 보니 J 대표의 투자 방향이 어느 정도 파악됐다. 사옥용 빌딩이 아니라 개인 임대수익용 빌딩을 원하고 있었다. 회사에서 매달 고정적으로 수입이 들어오고 있으니 현재보다 미래 가치가 기대되는 물건이 적합하다고 생각되었다. 당장 안정적인 임대수익이 나오는 물건은 경영 상황이 좋은 회사의 CEO에게는 매력적으로 보이지 않을 것이다.

물론 회사의 경영 상황이 항상 좋을 수 없다는 위험 요소도 감안했다. 사업가에게는 어느 날 갑자기 급전이 필요할 수 있다. 그래서 급하다면 빌딩을 바로 팔아 현금을 만질 수 있는 환금성도 중요한 관심 대상이었다. 급하게 매물로 내놓아도 매수세가 금방 받쳐주는 금액은 20억 원~30억 원 사이다.

이러한 두 가지 요소를 감안하니 J 대표가 원하는 투자 방향의 윤곽이 그려졌다. 안정적인 임대수익보다 미래 가치 상승에 초점을 두되 자금이 필요한 시기에 대비해 환금성이 높은 빌딩으로 방향을 잡았다. 아울러 J 대표의 신용도가 높으므로 대출 범위는 최대한 가능하다는 점도 고려했다.

우리 팀은 J 대표의 투자 상황에 맞춰 당인리발전소 근처 지역을 제안했다. 홍대 상권이 홍대입구역에서 홍대 정문 주변을 거쳐 주차장 길 등으로 확장 추세이고 향후 지하로 들어간 발전 시설 자리에 면적 8만 8,350제곱미터2만 6,770여 평의 대규모 공원이 조성되는 개발 호재가 있기 때문이다. J 대표도 우리 팀의 의견에 동감한다며 물건을 부탁했다.

우리 팀은 주택을 중소형 빌딩으로 리모델링한 물건들을 집중적으로 J 대표에게 보여줬다. 그중에서 J 대표는 반지하에 지상 2

층의 건물을 선택했다. 3.3제곱미터1평당 3000만 원~3500만 원 사이의 시세가 형성됐던 시기였다. 금액대가 크지 않았고 대출도 70%까지 적용돼 투자 부담은 적은 편이었다. J 대표는 우리 팀과 함께 3차례 답사를 다녀온 후 매입을 결정했다.

J 대표는 계약서에 도장을 찍은 후에 부동산 관리를 우리 회사에 맡겼다. 회사 일이 바쁜 CEO가 매일 시간 내서 건물을 관리하는 것이 쉽지 않기 때문이다.

우선 건물을 깔끔하게 보수하기로 했다. 리모델링한 지 얼마 되지 않아서 배관, 상수도, 도색공사에만 치중하기로 J 대표와 의견 일치를 봤다. 공사가 끝나고 난 이후부터 임차인 구성, 임대료 책정 및 수납 등의 업무는 우리 회사 자산 관리팀에서 전담하고 있다.

: 성공적인 투자의 기준 :

유명 연예인이나 스포츠 스타처럼 100억 원이 넘는 건물을 매입해야만 성공적인 투자가 아니다. 중소형 빌딩을 매입해도 빌딩 부자가 될 수 있다. 무엇보다 자신의 소득 규모, 투자 성향, 나이, 직업 등의 여건에 따라 빌딩 매입 기준을 세워야 투자에 성공할 수 있다. 다시 말해 자신의 여건에 맞는 맞춤형 투자가 성공의 지름길인 것이다.

육재복 팀장
전문 분야 : 중소형 수익용 빌딩 매매·상권 분석 및 투자 컨설팅

05

향후
빌딩 투자 시장의 전망

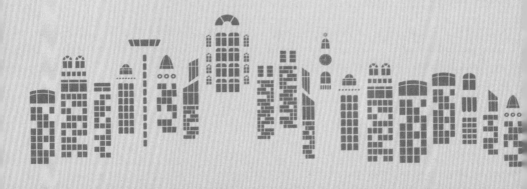

:빌딩 시장에도 트렌드가 있다 :

회사의 데이터베이스WCD 시스템에는 매주 150건 이상의 빌딩 매물이 등록된다. 그중 매수자의 선호도가 높을 것으로 예상되는 상위 25건을 선별해 토요일마다 현장을 방문한다.

평일에 고객과 함께 방문하거나 개별적으로 찾는 경우까지 합치면 매주 40곳 이상, 1년이면 2,000곳의 현장 경험을 갖게 된다. 연간 800건 이상의 매매 사례도 보고 듣게 된다.

현장 경험 및 매매 사례를 뜯어보면 특정 지역이나 특정 용도의 건물로 거래가 집중되는 현상을 발견한다. 바로 빌딩 시장에도 트렌드가 존재하기 때문이다. 특정 시점에 매수자들이 가장 많이 선호하고 투자하면 트렌드가 된다. 그럼 2015년 이후 빌딩 시장의 트렌드는 어떻게 될까?

첫째, 핵심 상권에 더 집중된다. 저금리 기조가 지속되면서 빌딩 투자의 환경은 탄력을 받고 있다. 이미 빌딩을 소유하고 있는데 대출을 받아 또 다른 빌딩에 투자하는 경우가 늘고 있다. 이렇게 투자 수요가 늘면서 매물은 더 빨리 소진되고 결국 공급이 따라가지 못하는 불균형을 이루고 있다. 그렇다고 모든 지역에서 그런 현상이 일어나는 것은 아니다. 역세권 및 핵심 상권에서는 수요가 공급을 앞지른다. 매매 건수도 빈번해져 땅값도 가파르게 상승한다. 반면 그렇지 못한 상권에서는 거래가 뜸하다. 노후화된 건물이나 대지가 개발되는 여과현상濾過現象도 상대적으로 느리다. 땅값 상승도 미미하고 임대료 인상도 기대하기 어렵다. 이처럼 상권에도 양극화 현상이 나타나고 있으니 투자자 입장에서는 핵심 상권에 집중해야 위험 부담을 줄일 수 있다.

서울에서 핵심 상권을 꼽으라면 서울의 중심 광화문부터 종로 일대, 교통의 중심 강남역, 자유분방한 느낌의 홍대, 트렌디한 분위기의 가로수 길, 한적하고 여유로운 느낌의 삼청동, 한남 뉴타운과 용산 미군 기지의 공원화 사업에 영향을 받는 이태원 상권, 한류 스타 거리에 포함된 청담동 일대, 당인리발전소 개발 호재가 있는 합정역부터 상수역 남쪽, 강남과의 접근성에 비해 저평가된 빈티지한 느낌의 성수동 일대라고 할 수 있다.

핵심 상권은 인근 지역보다 가격이 현저히 높아 가격에 거품이 많이 끼여 있다는 선입견을 갖게 된다. 반은 맞고 반은 틀리다. 거품이란 부피만 크고 무게감이 없는 현상인데 핵심 상권의 빌딩들은 단기간에 가격이 많이 올랐어도 거래는 갈수록 잘되고 있다. 신축이나 리모델링 등도 활발해 상권 자체의 규모도 커지고 있다.

앞으로도 저금리 기조를 타고 핵심 상권에 투자하려는 매수인들은 더욱 늘어날 것이다. 투자의 실체가 있기 때문에 부피투자자와 무게감투자액이 거품 현상과는 다르다.

상권이 발달한 지역의 임차인은 관리가 힘들다면서 망설이는 투자자도 많지만 자산 관리 전문업체에 맡기면 비용 대비 200%의 효과를 얻을 수 있다. 시설 관리부터 임차인 관리를 각 분야 전문가들이 대신 처리해준다.

현재 핵심 상권의 원동력은 20~30대다. 예전 세대들과는 다르게 허리띠를 졸라매고 아끼는 의식보다 본인 위주의 행복한 삶을 추구하는 성향이 강하다. 저출산과 독신이 늘어나는 이유로도 볼 수 있다. 수입의 60~90%까지 소비에 지출한다. 단가가 높아도 자신이 좋아하는 먹거리나 상품을 발견하면 지출을 아끼지 않는

다. 핵심 상권의 성장에 원동력이 될 소비 트렌드인 것이다.

둘째, 리모델링의 선호도가 높아진다. 요즘 원룸부터 호텔까지 다양한 건물에서 리모델링이 이뤄지고 있다. 10년 전만 해도 리모델링를 위한 물건을 구하는 매수자는 거의 보지 못했는데 지금은 매수자 대부분이 리모델링을 통한 가치 상승을 생각하고 있다. 단순 리모델링뿐만 아니라 용도 변경을 통한 증축까지 활발하게 진행되고 있다. 최근 도로 사선제한이 폐지되고 용적률 거래제 도입이 예정되자 절반 수준의 공사비로 신축과 동일한 효과를 얻을 수 있게 되어 문의가 더욱 많아졌다. 예전에는 기술이 부족하거나 양심 없는 일부 건축업자들 때문에 리모델링 공사에 대한 인식이 좋지 않았지만 현재는 대형 건설사들도 중소형 빌딩의 리모델링 시장에 적극 뛰어들고 있어 인식이 좋아지고 있다.

2003년 7월 주거지역 종세분화 전에 건축 허가를 받고 준공된 건물은 현재 속하는 용도지역의 용적률보다 높게 적용되었기 때문에 리모델링 효과가 극대화될 수 있고, 2012년 8월 개정된 국토의 계획 및 이용에 관한 법률에 따라 2개 이상의 용도지역에 걸쳐 있는 필지 중 용적률을 가중 평균으로 했을 때 증축이 가능하게 된 필지들도 증축으로 가치를 대폭 상승시킬 수 있다. 지속적인 리모델링 관련 기술의 발전으로 향후 비용 절감, 품질 향상, 기간 단축도 기대된다. 정부도 그린 리모델링 정책을 통해 2015년부터 시행된 녹색 건축물 조성 지원법에 맞게 에너지 사용이 효율적인 리모델링을 하면 융자와 이자 지원의 혜택을 주고 있으니 시간이 지날수록 리모델링의 선호가 높아질 것이다.

셋째, 저금리를 적극 활용한다. 매수인들의 선호도가 가장 높은 지역인 강남구에서는 임대수익률이 떨어지는 상황에서도 매물만 나오면 급속도로 소진되고 있다. 저금리 기조 때문이다. 예전에는 강남의 빌딩 소유주가 원하는 임대수익률은 연 5% 수준이었다. 하지만 지금은 연 3.5% 수준에도 불만이 없다. 1순위 물건은 그 전년도에 비해 5~10% 정도 시세가 오르자 매물을 거둬들이는 분위기다. 낮은 임대수익률을 대체할 매물이 풍부했던 저금리 시기 이전과는 전혀 다른 상황이 강남 빌딩 시장에서 나타나고 있다.

당분간 강남의 빌딩 시장에서는 매수세와 매도세의 팽팽한 줄다리기가 지속되겠지만 장기적으로 가격 상승세는 이어질 전망이다. 사실 강남 빌딩 가격이 떨어진 적은 별로 없다. 미국의 서브프라임 모기지론으로 시작된 금융위기 이후로도 그랬다. 이 시기에 급매물에 관한 매수 문의는 많았지만 정작 급매물이 별로 없어서 거래는 별로 이뤄지지 않았다.

현재의 저금리 기조를 기회로 매수인이 많이 움직이고 있으며 거래도 많이 이뤄지고 있지만 아직도 망설이면서 가격 거품과 금리 인상에 대해 질문하는 고객들이 있다. 앞서 말했듯이 투자에도 트렌드가 있다. 그 시기에 선호되는 상품과 투자 방법을 활용하면 절대로 실패는 없다. 오히려 갈팡질팡하는 사이에 좋은 기회를 다 놓쳐 남보다 뒤처지는 상황만 발생할 뿐이다.

금리 인상에 대한 우려는 당연하다. 미국이 금리 인상을 하면 우리나라도 인상할 것이다. 하지만 기간, 인상 폭, 시기가 중요하다. 미국은 우리나라보다 대출이 훨씬 대중적이며 규모도 크다. 그래서 금리 인상에 대한 파장도 클 것이다. 이러한 이유로 미국의 금리 인상은 숫자로나 기간으로 봤을 때 매우 단계적으로 이뤄질 가능성이 높다. 또한 미국보다 우리나라의 금리가 낮았던 시기가 2005년~2007년에도 존재했기 때문에 단순히 미국 금리가 우리나라 금리를 역전해서 해외 투자자금이 유출되어 국내 경기가 어려워질 것이라는 전망은 어디까지나 예상일 가능성이 높다.

예상되는 위험에는 대비할 수 있지만 예상되지 않는 위험에도 시장이 출렁이기 마련이다. 과거 사례를 돌아보면 빌딩 투자는 항상 세계 경제와 우리나라 경제가 불안감이 있을 때마다 투자자들에게 성공을 안겨 주었다. 앞으로도 큰 맥락에서는 이 사실에 변함이 없을 것이며 시장의 트렌트만 읽을 수 있다면 실패하지 않는 투자가 가능하다.

이승진 팀장
전문 분야 : 중소형 빌딩 매매·증축 및 리모델링 컨설팅

빌딩 부자가 되는 길

01

빌딩 투자는 이렇게 이뤄진다

: 거래 과정마다 알아야 할 것 :

같은 부동산 거래라고 해도 아파트 매매와 빌딩 매매는 엄연히 다르다.

첫째, 거래 금액의 규모부터 차이가 크다. 고가 아파트가 늘고 있어도 아직 빌딩 가격에는 미치지 못한다.

둘째, 아파트 매매 계약은 거의 정해져 있는 반면 빌딩 매매 계약은 매번 개별적인 요소를 잘 챙겨야 한다. 아파트는 공장에서 제품을 만드는 것처럼 거의 비슷하게 공급되기 때문에 계약 내용도 표준화 양식에서 크게 벗어나지 않는다. 하지만 빌딩은 소유주의 목적을 반영해서 짓기 때문에 건물마다 면적, 높이, 설비, 임대차 계약 등이 모두 제각각이다. 물론 빌딩 계약도 표준화된 내용이 있지만 특약내용이 더 중요하다.

셋째, 아파트 매물 정보는 온라인으로도 공개되어 있어서 스마트폰으로 확인이 가능하지만 빌딩 매물 정보는 아파트에 비해 상대적으로 제한적이다. 해당 지역의 부동산 중개업소를 찾아가도 정보를 얻기가 쉽지 않다.

그렇다면 빌딩의 거래 과정은 어떻게 진행될까? 원빌딩의 프로세스를 바탕으로 설명하고자 한다.

① 매물 정보 확인

온오프라인에 나온 매물 정보를 제일 먼저 확인한다. 마음에 드는 정보를 보면 해당 부동산 중개법인 등에 연락하면 된다. 그렇다면 부동산 중개법인 같은 곳은 어디에 정보를 내놓을까?

원빌딩의 경우에는 현장 확인을 거쳐 매주 신규 물건 정보를 내놓는다. 이러한 정보를 접할 수 있는 방법은 크게 3가지다.

첫째, 신문에서 확인한다. 부동산 공인중개사, 부동산 중개법인들은 〈한국경제신문〉, 〈매일경제신문〉, 〈조선일보〉, 〈중앙일보〉, 〈동아일보〉 등에 주로 광고를 낸다. 허위 과장 광고를 막기 위해 2013년 12월부터는 매물 광고 실명제가 도입돼 신문에 소개되는 매물마다 중개법인과 대표자 이름이 공개된다. 원빌딩처럼 여러 명의 공인중개사를 둔 중개법인의 경우에는 각각 다른 전화번호를 공개해서 해당 팀으로 연결되도록 하고 있다.

둘째, 원빌딩 홈페이지에서도 확인할 수 있다. 회원으로 가입한 다음, 컨설턴트의 경력 등의 정보를 확인하고 마음에 드는 컨설턴트를 지정할 수 있다. 또한 매일 자정에 업데이트가 되는 매물 정보를 확인하고 담당 컨설턴트에게 문자를 보낼 수도 있다. 원빌딩 컨설턴트들의 첫 일과 중 하나가 문자로 남겨진 상담 의뢰를 확인하는 것이다. 컨설턴트의 전화를 받으면 고객들은 매물에 대한 문의를 하거나 상담 약속을 잡을 수 있다. 원빌딩은 매물 정보를 앱으로도 제공하기 위해 개발 중이다.

셋째, 바로 연락하는 경우다. 온라인이나 오프라인을 거치지 않고 전화를 하거나 지인의 소개를 받아 연락이 오기도 한다. 계약에 만족한 고객들이 식사자리나 술자리에 컨설턴트를 초대해 빌딩 투자에 관심 있는 지인을 소개해주기도 한다. 요즘은 이렇게 지인의 소개를 받아 찾아오는 고객이 늘고 있다. 이는 원빌딩에서 제공하는 서비스의 만족도가 높다는 방증으로 볼 수 있다.

② 상담

상담은 대부분 원빌딩 사무실이나 고객이 있는 곳 또는 제3의

장소에서 이뤄지는데 고객의 편의에 따라 장소가 결정된다. 물론 사무실로 고객이 찾아오면 WCD 시스템의 물건을 확인하기가 더 편하다. 신문이나 회사 홈페이지에 올라오는 매물 정보보다 WCD 시스템의 정보가 훨씬 많다.

처음으로 상담하는 고객들의 관심은 비슷하다. 뜨는 지역은 어디인지, 시세차익은 남길 수 있는지, 세금은 얼마나 내는지, 건물 관리는 어떻게 해야 하는지, 효과적인 리모델링은 어떤 것인지 등인데 당연히 관심을 나타낼 만한 내용들이다.

문제는 매물 정보를 빼내기 위해 고객으로 위장한 '가짜 손님' 이다. 매물로 나오는 물건이 귀할 시기일수록 가짜 손님은 더욱 기승을 부린다. 매물을 소개했더니 나중에 경쟁회사로 넘어간 적도 있었다. 그래서 처음으로 상담하는 손님이라면 신원 확인 차원에서 이런저런 질문을 하게 되어 본의 아니게 실례를 범하기도 한다. 부잣집 사모님이나 중년 신사로 위장해서 매수 희망자인 것처럼 정보를 캐가는 비열한 행위를 막기 위한 과정이라고 양해를 구한다.

③ 현장 답사

고객이 투자 목적 및 지역을 구체적으로 밝히면 찾기가 훨씬 수월하다. 조건 검색으로 WCD 시스템에서 금방 찾을 수 있기 때문이다. 자료로 볼 때와 현장에서 눈으로 확인할 때 느낌은 전혀 다르다. 그래서 계약에 앞서 현장 답사는 필수 코스다. 또한 현장 답사는 여러 번 할수록 좋다. 현장 분위기는 시간대별로, 요일별로 차이가 크기 때문이다.

사실 현장 답사를 자주 하라고 권하지 않아도 수십억 원 이상의 건물을 보지 않고 배짱으로 계약하는 투자자는 드물다. 자랑도 하고 확인도 하기 위해 배우자나 친구에게 검토를 부탁하는 경우도 있으며 부동산을 잘 안다는 부하 직원에게 슬쩍 부탁하는 사장도 있다.

통상 5~10번 정도 현장 답사가 진행된다. 간혹 너무 많이 현장 답사를 하는 바람에 판단이 흐려지기도 한다. 답사를 부탁받은 사람마다 서로 다른 의견을 말하기 때문이다. 그럴수록 투자의 책임은 내가 진다는 사실을 되새길 필요가 있다.

④ 매입 결정

임대수익이 많이 기대되어도 건물을 사기 위해 수십억 원이 단기간에 빠져 나간다고 생각하면 주저할 수밖에 없다. 실제로 계약 날짜에 나타나지 않는 것은 물론이고 휴대전화까지 꺼져 있어 연락 두절 사태까지 벌어진 경우도 있었다. 빌딩 중개 컨설턴트로서는 정말 당혹스런 일이다.

원빌딩의 WCD 시스템은 고객들의 매입 결정에 든든한 디딤돌이 되고 있다. 과거 통계와 시세 흐름을 파악해 해당 물건의 미래 가치를 예상할 수 있도록 되어 있기 때문이다. 인터넷 지도를 통해 과거 거리 모습도 확인할 수 있는 로드뷰는 향후 건물의 가치 판단에 도움이 된다. 무엇보다 빌딩 중개 컨설턴트들은 매일 빌딩을 보고 그 가치를 분석하는 일을 하는 사람이라 매입 결정의 기준에 대해 들을 수 있다. 특히 원빌딩 컨설턴트들은 매주 토요일 혼자가 아니라 그룹별 토론을 통해 건물 가치를 분석하기 때문에 투자 성공확률을 높이고 있다.

⑤ 계약

계약서에 도장을 찍으니 긴장되면서 설레는 날이다. 또한 빌딩 중개 컨설턴트에게는 아주 바쁜 날이다. 매도인과 매수인이 우리 회사로 약속된 시간에 방문하면 가격, 계약 조건을 최종적으로 조율해야 하기 때문이다. 계약서에 도장을 찍기까지는 빠르면 2시간 정도 걸린다. 오후 2시에 시작되어 자정을 넘긴 경우도 있다. 10시간을 훌쩍 넘긴 셈이다.

계약 시간이 오래 걸리는 이유가 있다. 법인의 경우에는 계약 장소에 대표보다 위임장을 받은 사람이 참석하는데 중요한 사항마다 본사에 문의하고 지시받는 과정을 거친다. 국가 간 협상에서

본국의 지시를 받는 것과 마찬가지다. 법인은 그래도 웬만한 내용은 사전에 조율되어 있어 시간이 덜 걸린다. 개인은 결정해야 하는 사항 대부분을 계약 장소에서 마무리하는 경우가 많아 시간이 많이 걸릴 수밖에 없다.

빌딩 계약서는 정형화된 아파트 계약서와 다르다. 아파트보다 계약서 내용이 많다. 원빌딩의 경우에는 표준 계약서에다 특약사항을 기재하는 방식으로 구성한다. 정부 규정을 따르면서 고문 변호사의 자문을 거쳐 작성된 3장의 표준 계약서가 일단 큰 틀이다. 여기에다 건물마다의 특성을 감안한 특약사항을 기재한다. 특약사항에는 임차인 명도의 책임 소재, 계약 이후의 임대료 수납 조건, 은행 계좌번호 등 분쟁 소재를 줄이기 위한 세세한 조건이 담겨진다.

⑥ 지급 과정

계약금은 매매가의 10%, 중도금은 한 달 뒤에 40%, 잔금은 다시 한 달 뒤에 50%를 지급하는 것이 일반적이다. 그런데 요즘은 저금리 기조에 따라 대출 비중이 높아지면서 지급 조건에도 변화가 생겼다. 계약금으로 10%를 주고 중도금 없이 약 한 달 뒤에 바로 잔금을 지급하는 방식으로 바뀌고 있다. 은행의 대출 심사는 '해당 지점의 대출 심사 → 해당 물건의 감정 평가 → 본점 대출

심사' 등의 절차를 거치기 때문에 2주~3주 정도 걸린다. 그 기간을 감안해 잔금의 지급시기를 계약금 지급 뒤 한 달로 잡는다.

　계약에 이르기까지 도와준 빌딩 중개 컨설턴트의 수수료는 매매가의 0.9% 이내에서 상호 협의하도록 규정되어 있다. 수수료는 계약되었을 때 정해진 금액의 절반을, 그리고 잔금을 치를 때 나머지를 지급하는 것이 일반적이다.

실패를 알아야 대비한다

: 한순간의 실수가 평생을 힘들게 한다 :

중소형 빌딩도 하나의 상품이다. 누군가 처음부터 시공해서 거래 한 번 없이 대대손손 내려주는 빌딩도 존재하겠지만 대부분 누군가에게 팔리거나 누군가가 산다. 그러니 가격이 매겨지고 협상도 이뤄진다. 중소형 빌딩을 포함한 부동산 상품은 다른 제품과 비교했을 때 어떤 차이가 있을까?

'비싼 가격'이 특징이다. 단 하나의 가격이 적어도 억 단위인 상품은 세상에 많지 않다. 고가이기 때문에 제대로 투자하지 않으면 손실 규모는 상상을 초월한다. 부동산을 사두면 무조건 오르던 시대는 이제 지나갔기 때문에 더더욱 투자에 신중해야 한다는 것이 빌딩 중개 컨설턴트들의 공통된 의견이다. 그런데도 과학적인 분석이나 예측보다 맹신盲信에 의존해 대박을 노리다가 쪽박 차는 사례를 아직도 보게 된다. 전문가의 조언뿐만 아니라 자신도 믿지 못해 벌어지는 대형 참사라고 할 수 있다. "나는 그렇지 않다"라고 큰 소리 치다가도 수십억 원 이상의 계약을 앞두고 아주 엉뚱한 행동을 하는 투자자를 만나기도 한다. 지인이나 점쟁이의 비과학적이고 비현실적인 말에 의존하는 경우가 대표적이다. 그런 투자는 대부분 큰 손실로 이어진다.

투자의 결과는 본인의 책임이다. 잘못되었다고 해도 그들이 책임지지 않는다. 부동산에 문외한 사람들의 말을 따르다가 본인뿐만 아니라 가족이나 친인척에게도 피해를 줄 수 있다. 다음의 사례를 빌딩 투자의 타산지석으로 삼아 보자.

일찍이 부동산 투자로 큰돈을 번 아버지가 있는 Y는 친구들 사이에서 부동산 투자의 고수로 통한다. 고등학교 때부터 부동산 투자에 대해 아는 척을 하자 주변 친구들은 그를 투자 고수로 여겼다. 물론 말로만 투자한 것은 아니다. 재력가인 부모의 도움으로 40대에 서울 신천동에 있는 중소형 빌딩을 사서 쏠쏠하게 임대 수익을 올리고 있는데 그 이후로 친구들 사이에서는 더욱 고수로 우뚝 섰다.

사실 부모가 부동산 투자할 때 한 일이 거의 없었지만 워낙 말하기를 좋아해 떠들고 다녔고 그런 사정을 모르는 친구들은 Y를 대단한 인물로 착각했다. 겸손하기라도 했으면 그나마 다행이었을 텐데 친구 한 명이 그를 너무 믿고 투자 자문을 받으면서 비극은 시작됐다.

Y의 친구 M이 소문을 듣고 2012년 4월 찾아왔다. 여유자금이 생겨 임대수익용 빌딩을 알아보고 있는데 투자 고수로 유명한 친구의 조언을 듣고 싶었던 것이다. Y는 M에게 이것저것 물은 다음에 거침없이 건물 하나를 추천해줬다. 마포에 있는 중소형 빌딩이었다.

Y는 그 건물의 입지여건이 좋아 얼마 지나지 않으면 시세차익도 확실하다며 매입을 권유했다. 거기까지만 얘기해도 좋았을 텐데 한 발짝 더 나아갔다. "사실은 내가 매입하려고 찍은 건물인데 친구를 위해서 포기하겠네. 대신 오늘 술값은 친구가 내게"라는 말에 M은 넘어가 버렸다.

현장 답사, 매도인과의 가격 협상 때에도 M은 거의 대부분 동행해준 Y에게 조언을 구했다. 계약서 등의 서류 검토도 아예 Y에게 맡겼다. 그렇게 친구를 믿은 M은 30억 원대의 상가 건물을 매입하는 계약서에 도장을 찍었다.

건물주가 된 M은 첫 임대료를 받을 때부터 뭔가 삐걱거림을 느

껐다. 임대료에 부가세가 포함되기 때문에 10%를 빼고 임대수익률을 계산해야 하는데 Y가 그 부분을 제대로 모르고 임대수익 규모를 이야기한 사실을 알게 되었다. 하지만 이미 배가 떠난 뒤였다. 그래도 그건 약과에 불과했다. 임차인 중 1명이 계약 만기에 나가겠다고 해서 새 임차인을 구하려고 주변 부동산 중개업소에 갔다가 "주변보다 왜 비싸게 샀습니까? 혹시 실제로 지불한 돈이 계약서보다 적은 업계약입니까?"라는 충격적인 이야기를 들었다. 소위 '멘붕심리적 붕괴' 상태가 되었다.

그제야 속았다는 사실을 안 M은 건물에 대한 애정이 하루가 다르게 식어갔다. 사실 엄밀히 따지면 속인 것도, 속은 것도 아니다.

둘 다 빌딩 거래에 대해 제대로 아는 게 없었다. 붕대로 눈을 감은 두 사람이 목적지를 찾아 나선 것이나 마찬가지였다. 당연히 두 사람의 관계도 싸늘해졌다.

임차인들에게 손가락 짓을 당하는 악몽에도 시달리던 M은 결국 건물에 손을 놓게 되고 얼마 지나지 않아 건물을 팔려고 내놨지만 매수 희망자 모두 매입한 금액보다 낮게 제시했다. 본전을 받아도 세금 등 부대비용을 감안하면 손해라는 생각에 이러지도 저러지도 못하고 있다고 결국 매입한 지 3년이 지나서 28억 원에 팔았다. 31억 5000만 원에 매입한 건물이었다.

2014년 가을 어느 날, 회사로 전화가 왔다. 건물을 팔고 싶다는 전화기 너머의 목소리는 꽤 다급하게 느껴졌다. 전화를 했던 K 대표는 그날 오후에 방문했다. 그의 사연을 들어보니 얼굴에 근심을 잔뜩 달게 된 이유를 알고도 남을 만했다.

중소기업을 운영하는 K 대표는 2013년 8월 평소 알고 지내던 부동산 중개업소 사람에게 강서구의 빌딩 매물을 추천받았다. 시세는 20억 원이었는데 무엇보다 임대 조건이 좋았다. 보증금 1억 원에 월세 1200만 원으로 연간 수익률은 7.5%에 달했다. 게다가 임차인 1명이 전 층을 임차해 학원으로 운영하고 있었다.

임차인이 1명뿐이니 관리가 쉬울 것이고 상업용 부동산의 평균 임대수익률이 4~5%인데 반해 7.5%이니 그야말로 황금알을 낳는 거위로 보였다. K 대표는 대출까지 최대한 받아 바로 매입했다.

사달은 잔금을 치르고 등기 이전을 하자마자 벌어졌다. 황금알을 낳을 것 같았던 임차인은 학원 운영이 어렵다며 임대차 계약 해지를 요구했다. 아닌 밤중에 홍두깨라고 하더니 날벼락 같은 소식이었다.

K 대표는 임대차 계약에 대해 들어본 것은 있어서 다른 임차인을 구하고 나가든지, 기간 종료 때까지 계속 사용해야 한다고 주장했다. 임차인도 물러서지 않았다. 임대차 승계에 동의하지 않았으니 해지를 요구하는 것이라며 보증금을 돌려 달라고 목소리를

높였다. 일부러 새 건물주를 골탕 먹이려고 임대차 계약 해지를 요구한 것은 아니었다. 학생 수가 점차 줄어 건물에서 빠져 나갈 방법을 찾다가 임대차 승계 동의 조항을 발견하고 임차인의 정당한 권리를 주장한 것이었다.

임차인은 임대차 계약 기간 만료 전에 일방적으로 임대차 계약 해지를 요구할 수 없다는 게 일반적인 상식이다. K 대표도 당연히 그렇게 알고 있었다. 그런데 임대차 승계 동의 조건은 전혀 생각하지 못했다. 임차인이 임대차 승계에 동의하지 않으면 새로운 건물주에게는 계약 기간 만료 이전이라도 임대차 계약 해지를 요구할 수 있다는 규정이다. 잔금을 치르기 전에 반드시 매도인을 통해 임대차 승계 동의서를 받아야 한다는 사실을 뒤늦게 알게 되었다. 법적으로 임차인의 요구는 정당했다.

하는 수 없이 K 대표는 보증금을 돌려줬다. 새 임차인을 모집하려고 부동산 중개업소에 갔는데 주변보다 임대료가 비싸다는 것을 그제야 알게 되었다. 그리고 입지가 좋지 않아 지금보다 임대료를 낮춰도 임차인을 구하는 것이 쉽지 않다고 하니 K 대표의 가슴은 끝없이 내려앉았다.

높은 임대수익률만 보고 은행에서 돈을 엄청나게 빌렸는데 매달 낼 이자를 생각하니 골치가 계속 아팠다. 위험 부담(리스크)을 간과하고 이익만 좇아 투자했다가 생긴 파국이다.

양지가 있으면 음지가 생기고, 산이 높으면 계곡이 깊다. 임대수익이 높다고 해도 혹시 반대편에 의심이 될 부분은 없는지 사전에 꼼꼼히 따져 보는 자세가 빌딩 투자의 첫 걸음이다.

우선 현재 발생하는 임대수익이 주변에 비해 적정한지 확인한다. 그리고 매입할 때는 매도인에게 반드시 임대차 승계 동의서를 요구한다. 그렇지 않으면 임차인은 임대차 승계를 거부하고 계약 해지를 요구할 가능성이 있다.

빌딩 투자도 수익률보다 입지여건에 무게를 더 두고 결정하는 것이 정석이다. 입지가 좋지 않은 빌딩에서 받는 6% 임대수익률보다 입지가 좋은 빌딩에서 받는 4% 임대수익률이 장기적으로 유리하다. 입지가 좋으면 공실 우려도 적고 공실이 되더라도 그 기간이 단축되기 때문이다. K 대표의 건물이 입지가 좋았다면 새로운 임차인을 쉽게 구할 수 있었고 대출이자를 갚는 데 헉헉거리지 않았을 것이다.

저금리 기조가 지속되면서 지렛대 효과를 크게 보려고 거의 대부분 대출을 받는다. '은행 대출을 쓰지 않으면 바보'라는 말이 나올 정도다. 하지만 임대수익에 현혹돼 대출 규모를 늘렸다가 낭패를 크게 볼 수 있다는 것을 K 대표 사례를 통해 알 수 있다.

개인 사업을 하는 P 대표는 2012년 6월 상담을 위해 우리 회사를 찾아왔다. 50억 원 안팎의 급매물로 나온 빌딩을 매입하고 싶다고 했다. 급매물은 구한다고 해서 구해지는 것이 아니라서 하늘이 정해준다는 이야기까지 나올 정도인데 이번에 왠지 쉽지 않겠다는 예감이 들었다. 운이 좋아 급매물을 접해도 경쟁이 치열하다. 상업용 부동산 투자가 대중화가 되어 있는 서울에서는 더욱 그렇다.

그래도 고객이니 두 달 동안 30건 정도의 물건을 소개했는데 빌딩을 소개해줄 때마다 분위기가 이상했다. P 대표는 마음에 드는 물건이다 싶으면 누군가에게 조언을 구하는 것 같았다. 그러던 어느 날, 서울 양재대로변에 병원, 약국, 프랜차이즈 카페 등이 입점한 지하 1층, 지상 5층에 990제곱미터300평 규모의 빌딩 정보를 입수했다.

매도인이 사업 때문에 급히 현금이 필요한 상황이라 한 달 안에 잔금까지 지불해주면 가격을 깎아서라도 매각하겠다고 했다. 시세는 60억 원인데 50억 원에도 매입이 가능해 보였다. P 대표가 좋아할 만한 급매물이라고 판단했다. P 대표도 괜찮다면서 현장 답사에 나섰다. 꼼꼼히 둘러본 그는 "꼭 계약하고 싶습니다"라면서도 이틀만 시간을 달라고 했다. 좋은 조건의 급매물은 아차 하는 순간에 다른 사람에게 넘어갈 수 있어서 이틀이나 필요한 이유를 물었다. P 대표는 "그렇게 알고만 있고 필요한 조치 좀 부탁드립니다"라는 부탁만 할 뿐이었다. 하는 수 없이 우리 팀은 P 대표 대신 매도인에게 꼭 매입할 테니 이틀만 시간을 달라고 부탁했다.

이틀 후, 계약에 필요한 서류를 챙겨놓고 매도인이 정한 장소로 나갈 만반의 준비를 끝냈는데 P 대표가 아직 오지 않고 있었다. 보통 좋은 물건을 계약하게 되면 매수자는 들뜬 목소리로 준비 상황을 묻는 전화를 하는 것이 일반적인데 오전 10시가 넘어서도 아무런 연락이 없었다. 혹시 무슨 사고가 났나 싶어서 전화를 걸었다. 그런데 너무 천연덕스럽게 "곰곰히 생각해보니 그 건물 자리가 나와 맞지 않는 것 같습니다. 다른 건물을 알아봐 줄 수 없겠습니까?"라고 말하는 것이 아닌가. 순간 부아가 치밀어 올랐다. "매도인에게 이미 이야기를 다 해놨는데 이러시면 제 입장이 난처합니다"라며 재촉했지만 P 대표는 어쩔 수 없다는 반응으로 일관했다. 상식적으로 이해가 되지 않아서 이유를 물었더니 더 황당한 대답이 돌아왔다.

"평소에 중요한 결정을 할 때마다 찾아가는 점집이 있는데 그 점집 도사가 그 건물을 사지 말라고 하더군요. 매입하면 건강이 악화된다면서…."

허탈하면서도 황당한 그의 답변에 할 말을 읽고 사무실 벽만 멍하니 볼 수밖에 없었다.

그 이후로 P 대표는 생각하지 않기로 했는데 2년 뒤에 초췌해

진 얼굴로 우리 회사를 또 찾아왔다. 지난번 일에 대해 미안하다는 말도 없이 또 다른 부탁을 해왔다. 경기도에 빌딩을 매입했는데 위치가 너무 멀어서 관리가 힘드니 매각을 해달라는 것이다.

P 대표가 매입한 빌딩은 서울에서 자동차로 2시간 정도 걸리는 곳에 있었는데 상권 지역이 아니라 그냥 읍내의 높은 건물이었다. 읍내에서 연면적 3,300제곱미터1,000평나 되는 건물이다 보니 동네 사람들이나 볼 수 있는 '우리 동네 랜드마크'라고나 해야 할까.

"도대체 어떻게 이런 건물을 매입했습니까?"라고 물어볼 필요도 없었다. P 대표가 결정적인 순간에 매번 찾아 간다던 도사에게 질문하는 게 더 나아 보였다. 도움을 드리고 싶었지만 솔직히 매각할 자신이 없었다.

건물 관리가 힘들었는지 P 대표는 갈수록 홀쭉해졌다. 반면 P 대표가 2년 전에 매입하지 않은 50억 원짜리 급매물 빌딩은 그동안 70억 원으로 뛰어 더욱 포동포동해졌다.

빌딩 투자의 정석

제1판 1쇄 발행 | 2015년 10월 2일
제1판 4쇄 발행 | 2015년 11월 16일

지은이 | 김호영
펴낸이 | 고광철
펴낸곳 | 한국경제신문 한경BP
편집주간 | 전준석
기획 | 이지혜 · 백상아
홍보 | 정명찬 · 이진화
마케팅 | 배한일 · 김규형
디자인 | 김홍신

주소 | 서울특별시 중구 청파로 463
기획출판팀 | 02-3604-553~6
영업마케팅팀 | 02-3604-595, 583 FAX | 02-3604-599
H | http://bp.hankyung.com   E | bp@hankyung.com
T | @hankbp   F | www.facebook.com/hankyungbp
등록 | 제 2-315(1967. 5. 15)

ISBN 978-89-475-4043-8   03320